HONNÊTE
AVANT TOUT

OUVRAGES DU MÊME AUTEUR

LIBRAIRIE POUSSIELGUE

LA MYSTIQUE DIVINE
DISTINGUÉE DES CONTREFAÇONS DIABOLIQUES ET DES ANALOGIES HUMAINES

3 vol. in-8°

L'ASCÉTIQUE CHRÉTIENNE

1 vol. in-8°

LA CLEF DE LA SOMME THÉOLOGIQUE
DE SAINT THOMAS D'AQUIN

1 vol. in-12.

LIBRAIRIE DELHOMME ET BRIGUET

LA PAROLE SAINTE
OU
LE GUIDE ORATOIRE DANS LE MINISTÈRE DE LA PRÉDICATION

1 vol. in-8°

ÉMILE COLIN — IMPRIMERIE DE LAGNY

Honnête
Avant tout

PAR

M. J. RIBET

CHANOINE HONORAIRE,

ANCIEN PROFESSEUR DE THÉOLOGIE ET DE DROIT-CANON.

O tempora! O mores!

DELHOMME ET BRIGUET, ÉDITEURS

PARIS | LYON
13, RUE DE L'ABBAYE, 13 | 3, AVENUE DE L'ARCHEVÊCHÉ, 3

Tous droits réservés.

JE DÉDIE CE LIVRE

A TOUS LES HONNÊTES GENS SANS DISTINCTION;

A MES FRÈRES DANS LE SACERDOCE,
SPOLIÉS, BAILLONNÉS, HONNIS
EN HAINE DE DIEU, DU CHRIST ET DE L'ÉGLISE,
MIS, PAR COUPES RÉGLÉES, MAIS SURES,
HORS LA LOI ET LA JUSTICE;

AUX RELIGIEUX
PROSCRITS AU NOM DE LA LIBERTÉ;

A TOUS LES OPPRIMÉS
DE PAR LA FORCE BRUTALE;

A TOUTES LES VICTIMES
DE LA MALHONNÊTETÉ
OUVERTE OU HYPOCRITE,
PUBLIQUE OU PRIVÉE,
LÉGALE OU ILLÉGALE.

AVANT-PROPOS

O tempora! O mores!

Chaque époque, chaque génération, chaque vie a sa question qui la tourmente.

Question qu'il faut résoudre, à laquelle il faut une réponse.

C'est un mal à guérir, un progrès à réaliser, une aspiration à satisfaire, une chimère qui tente, une hallucination qui fascine.

Quelle est, en cette fin de siècle, notre question ?

Si l'on prête l'oreille, les échos lui renvoient des clameurs intenses, des plaintes divergentes et confuses, des regrets, des protestations, mais surtout des menaces, des rêves gigantesques, des apothéoses bruyantes, de grandioses promesses.

Ce n'est plus un problème solitaire : la caractéristique de notre temps est de tout mettre en problème. Le radicalisme est dominant. Le passé n'est plus rien ; l'avenir sera tout ; le présent se fait de ces désaccords et de ces répudiations, de ces ruines et de ces espérances.

Tout est à reprendre par la base.

On est ainsi ramené à la question primordiale dont la solution tient en suspens toutes les autres : à la loi morale qui préside à la vie individuelle et sociale.

Là est la question urgente, brûlante, inéluctable.

Quand celle-ci sera réglée, on pourra aborder les autres.

Jusque-là, on n'aboutira à rien.

⁂

D'autres nécessités y ramènent encore.

Dans les alarmes qu'inspirent tant de divisions, les sages cherchent un point ferme où le rapprochement et l'entente soient possibles.

Quel sera ce sol béni, qui donnera la paix et la sécurité, où tout homme de bonne volonté pourra hardiment poser ses pieds et tendre autour de soi une main confiante ?

Sera-ce l'Intérêt ? — Qui ne le sait ? il se fait trop souvent au profit des habiles et avec les larmes de la multitude.

La Politique ? — Elle est la source la plus féconde de nos divisions et de nos discordes.

La Science ? — C'est l'apanage du petit

nombre ; et la famille humaine est convoquée à notre rendez-vous.

La Religion, comme le mot l'indique, est le lien qui rattache l'homme à Dieu, et tend à le rapprocher de ses semblables. Hélas ! la religion manque à tant de gens, aujourd'hui surtout, que vouloir en faire le point précis de la concentration, sans passer préalablement par un autre, serait une utopie.

Le seul terrain où la convocation soit pratique est celui de l'honnêteté. Il offre cet avantage incomparable que tout le monde veut en être, ceux-là mêmes qui y sont le moins. Cet appel, personne ne peut ouvertement le décliner sans se mettre au ban de la société humaine.

Vous entendrez des gens masquer leurs défaillances et leurs turpitudes sous des euphémismes ; vous dire par exemple : « Je suis trop bon, trop indulgent, trop facile ; je ne suis ni méticuleux, ni bigot. » Vous n'en trouverez pas qui vous disent : « Je suis malhonnête. »

**
*

Il ne faut pas cependant se bercer d'illusions. Si son étiquette est en honneur, l'honnêteté n'en subit pas moins en réalité des réserves et des outrages.

On entend les dévots gémir le long des chemins et se redire : « La foi s'en va ! » et les mécréants crier sur les toits : « La foi est morte ! » Ils ont raison : la foi baisse dans la foule; et, dans une multitude, elle est éteinte.

Mais, si la foi religieuse manque à notre temps, l'honnêteté lui manque davantage encore, et c'est bien l'heure de pousser ce cri : « L'honnêteté se meurt, l'honnêteté est morte! »

Ils sont nombreux ceux qui se croient chrétiens, et ne le sont qu'à demi; mais ils ne se comptent plus ceux qui se disent honnêtes, et ne le sont pas. On se méprend sur les devoirs et les conséquences pratiques de la religion; mais l'illusion à l'endroit de l'honnêteté naturelle est encore plus commune et plus funeste.

Cette ruine est la dernière que l'on s'avoue à soi-même, et que l'on confesse avec repentir. Des hommes, des femmes racontent simplement de honteuses faiblesses ; et, quand on les rappelle au sentiment de l'honnêteté, on les voit se redresser et répondre : « Je suis un honnête homme — je suis une honnête femme. »

Evidemment, chacun a sa manière d'entendre l'honnêteté.

Et pourtant, il n'y a qu'une honnêteté, la vraie, la même pour tous.

* *
*

Malgré tout, c'est là qu'il faut en venir pour rallier, pour rapprocher, pour unir. Tout ce que l'on tentera hors de là sera peine perdue.

Cette honnêteté sincère, essentielle, identique, il importe donc de la mettre en lumière, de préciser sa notion et ses exigences; de la voir en acte aux différents degrés de l'échelle sociale pour reconnaître la part qui lui est faite et les outrages qu'elle subit; de discuter les mobiles qui poussent à l'enfreindre, et ceux qui la maintiennent et la relèvent.

Cette œuvre utile, l'amour de l'honnêteté et l'espoir de la servir, nous ont porté à l'entreprendre.

* *
*

HONNÊTE AVANT TOUT.

A la base de tout, comme préambule uniforme et indispensable de tout, l'honnêteté, la probité, la bonne foi.

Honnête, avant même d'être religieux et chrétien;

Honnête, avant d'être pieux et dévot;

Honnête, avant d'être prêtre ou évêque;

Honnête, avant d'être juge, éducateur, médecin, soldat, commerçant, ouvrier, riche ou pauvre, n'importe quoi ;

Honnête, avant d'être monarchiste, républicain, autoritaire ou libéral ;

Honnête, avant et par-dessus toute croyance, toute opinion, tout état, toute pratique, tout idéal, toute ambition ;

Honnête, de la vraie honnêteté ;

Honnête, en religion, en politique, dans la vie privée et dans la vie publique ;

Honnête, devant Dieu ;

Honnête, envers le prochain ;

Honnête, avec ses amis et avec ses adversaires ;

Honnête, dans ses fonctions et sa profession ;

Honnête, au foyer ;

Honnête, dans la parole et dans les actes ; dans l'action et dans l'abstention ;

Honnête, en tout, partout et toujours :

Honnête avant tout et par-dessus tout.

Tel est le sujet de ce livre.

* *
*

Nous voulions d'abord l'intituler : L'Honnête homme. Cet énoncé eût semblé exclure les femmes ; et nous avons trop besoin de leur concours pour paraître les éliminer.

L'Honnêteté, voilà le vrai titre de ce livre, comme il en est le sujet. Notre dessein, en effet, est de peindre l'honnêteté, la réelle et véritable honnêteté ; l'honnêteté de l'âme et de la conscience ; celle qui, par les actes, fait le tissu de la vie.

Mais ce titre, métaphysiquement juste, ne rend pas l'indignation qui couve, en nos temps, au fond des âmes loyales ; il est trop froid pour exprimer nos douleurs et flétrir les oppressions hypocrites ; il ne traduit que faiblement ce besoin de pacification qui est la grande nécessité de l'heure présente ; cet appel à l'union par le seul amour du bien, qui retentit dans nos querelles, et qui, entendu, réalisé, peut seul nous rendre l'ordre, la sécurité et la paix. Il faut, à cette heure, un loyal rendez-vous où soient convoqués tous les hommes consciencieux, droits, sincères ; un signe de ralliement qui domine les divergences d'opinions et permette de se reconnaître dans la mêlée de nos discordes.

***

Honnête avant tout !

Tel est le cri qu'il faut pousser pour rallier les vieux amis et les adversaires de bonne foi contre les irréconciliables fauteurs de la corruption et de la honte.

Etes-vous honnêtes ? Voulez-vous être honnêtes ? — Qui que vous soyez, d'où que vous veniez, vous êtes des nôtres et nous sommes avec vous : nous marcherons ensemble, la main dans la main. Et, si la diversité des intérêts et des aspirations venait à nous diviser, nous resterions encore unis sur ce terrain de l'estime réciproque et de l'honneur.

Mais êtes-vous de ceux qui foulent aux pieds la probité, qui font passer la fortune, l'ambition, la haine avant l'honneur ; auriez-vous été jusqu'ici dans nos rangs, arrière désormais ! Nous ne voulons plus de vous : l'honnêteté avant tout !

* * *

Croyants, c'est principalement à vous que cet appel s'adresse, c'est vous surtout que nous convions à notre loyal rendez-vous.

La foi sincère suppose l'honnêteté, et elle doit avoir pour premier effet de rendre plus honnête. Le monde se désintéresse de votre religion, mais il compte sur votre probité, il l'attend, il l'exige. En trompant son attente, vous lui rendriez la Religion plus odieuse.

Sans honnêteté, vous n'auriez de la religion que le masque ; et, quelle que soit la bonne foi, l'honnêteté sans la religion est préférable à la religion sans l'honnêteté.

**
*

On parle d'organiser un parti catholique.

Premières victimes de la malhonnêteté publique et gouvernementale, on comprend que les catholiques se groupent et s'entendent pour la résistance.

Peut-être y a-t-il quelque chose de plus pressant : constituer le parti des HONNÊTES GENS, avec cette devise et ce cri de ralliement :

HONNÊTE AVANT TOUT !

CHAPITRE PREMIER

LES ÉQUIVOQUES ET LES FALSIFICATIONS

Les meilleures choses sont les plus sujettes aux contrefaçons. Tout le monde veut passer pour honnête, et beaucoup, n'ayant pas l'honnêteté au dedans, s'efforcent de la simuler au dehors. On rapproche de l'honnêteté, et parfois on lui oppose, des analogies et des ressemblances qui, tout en paraissant lui rendre hommage, peuvent la faire méconnaître.

I

HONNÊTETÉ ET POLITESSE

On confond malencontreusement ces deux choses : il convient de les distinguer.

L'honnête homme et l'homme honnête, souvent, font deux.

L'un, c'est l'homme intègre ; l'autre, l'homme stylé. L'un, c'est la conscience fidèle et inflexible ; l'autre, c'est la bonne grâce extérieure et l'attention à plaire. Celui-ci professe le culte des précautions et des formes ; celui-là a le respect de la justice, du devoir et du droit.

* *

La politesse n'est au fond que l'écorce de l'honnêteté, et c'est l'honneur de l'homme de ne point séparer la réalité de l'apparence. Quand cette expression est menteuse, ce n'est plus que le masque de l'honnêteté, au même titre que l'hypocrisie est la contrefaçon de la vertu.

Le proverbe : « Trop poli pour être honnête », n'est pas juste. Il est des gens très polis parce qu'ils sont très honnêtes ; des gens très honnêtes, qui ne sont pas polis ; et enfin des gens d'autant plus polis qu'ils sont moins honnêtes. — A ces derniers seulement le dicton s'applique.

* *
*

On a remarqué, chez les peuples imprégnés de la civilisation chrétienne, qu'à mesure que les mœurs baissent, le langage et les manifestations extérieures se raffinent. C'est un dernier hommage rendu à l'honnêteté disparue.

La corruption n'y perd rien. Elle envahit la langue et voile, sous des réserves pudibondes, la facilité des habitudes et l'irritabilité des convoitises.

* *
*

Le Christ disait aux apôtres : « Vous êtes le sel de la terre. »

Appliquée aux femmes, cette parole est merveilleusement vraie. Tant que la femme demeure pure, digne, honorée, elle maintient les mœurs dans leur intégrité simple et noble, sans provoquer les attentions obséquieuses. Fléchit-elle ? elle attire, elle entraîne, elle crée un mouvement qui la fait le point de mire ; mais ces témoignages ne l'exaltent en apparence et ne la flattent que pour l'asservir et l'abaisser.

Ici encore, l'honnêteté apparente dont elle est l'objet est un souvenir du gracieux empire que la femme chrétienne est capable d'exercer. Mais ce n'est plus une domination salutaire ; c'est plutôt un piège qu'elle tend, et auquel elle est prise.

* *
*

L'inattention et l'inexpérience confondent la pure politesse avec l'honnêteté vraie. En général, celle-ci est simple, spontanée et contenue ; celle-là est maniérée, artificielle, insidieuse.

L'usage du monde et de la vie apprend à les connaître et à les distinguer.

II

L'HONNÊTETÉ MONDAINE

Tout n'est pas semblant dans l'honnêteté du monde : la réalité y garde une place. A vrai dire, la place est petite, et la réalité peu consistante. Toutes les préoccupations du monde sont pour les apparences et le brillant. Encore, dans ce décor, retranche-t-il ce qui gêne le plaisir et entrave le succès.

***

Le monde est très tolérant pour l'homme, moins pour la femme.

Il passe à peu près tout à l'un ; il pardonne beaucoup à l'autre, pourvu qu'il n'y ait ni bruit ni éclats. La jouissance et les facilités, tant qu'on voudra ; mais pas de scandale.

Dans l'homme, les écarts de jeunesse les mieux constatés passent inaperçus. La meilleure société lui maintient ses portes ouvertes : c'est à peine si l'on se souvient à

II. L'HONNÊTETÉ MONDAINE

l'heure du mariage. Les familles sévères elles-mêmes, et jusqu'aux jeunes filles pieuses, veulent ignorer ou tiennent à oublier. L'avenir efface le passé.

En bonne logique, au contraire, le passé présage l'avenir. Si le présage se réalise, on se ressouviendra, mais trop tard.

* *
*

La correction, du moins apparente, en affaires, est une vertu hautement prisée du monde. Il est tout à fait déshonorant pour le mondain de s'entendre qualifier de voleur.

Surtout, pas de flétrissure judiciaire. Un jour de prison pour indélicatesse est pire que vingt années de vols; la tache est presque indélébile.

Même en cet ordre de la probité, le monde admet des accommodements et des interprétations iniques.

Voler à des particuliers, c'est odieux et compromettant. Voler en émargeant à quelque budget national ou municipal constitue presque un mérite ; c'est du moins du savoir-faire.

Voler au détail, à la façon des pickpockets, est déshonorant et mesquin. Voler en de larges spéculations, aux dépens du public, en multipliant les dupes et les victimes, cela s'appelle habileté et bonheur.

En fait de vol, la grande quantité est la circonstance la plus atténuante : l'impunité légale et le succès sont le vernis qui sauvegarde l'opinion et empêche l'honneur du monde de pâlir.

La vraie honnêteté n'a rien de commun avec cette honnêteté-là.

∴

Le mensonge est la monnaie courante du monde, à la condition que l'on ne sera jamais traité de menteur.

Si l'on se met à même d'encourir avec preuves ce qualificatif, l'honneur s'en trouve obscurci.

**
*

Le monde réserve ses délicatesses et ses sévérités pour le jeu.

C'est au jeu que se connaît le galant homme.

Là, quiconque est pris en flagrant délit est exécuté impitoyablement. Pour laver cette injure, on n'a plus qu'à se pendre ou à se noyer.

Les dettes de jeu sont sacrées et priment tout.

Ce que l'on doit à sa femme, à ses enfants, à ses fournisseurs, à ses prêteurs, à l'ouvrier, au pauvre : toutes ces dettes-là ne se comparent pas à celles du jeu !

**
*

On le voit, rien n'est moins honnête que l'honnêteté du monde. L'affiche seule y subsiste.

Hâtons-nous de le dire, la morale des particuliers est souvent meilleure que celle du public.

III

L'HONNÊTETÉ ET LA RELIGION

Il se rencontre des gens religieux, du moins en apparence, qui ne sont point honnêtes, et des gens honnêtes qui ne sont point religieux.

Les uns servent de prétexte à qui viole l'honnêteté, et les autres d'excuse à qui veut se passer de religion.

Il serait plus logique de pousser ceux-ci à la religion par l'honnêteté, et ceux-là à l'honnêteté par la religion; et, en fin de comptes, de prendre des uns et des autres, non ce qui les amoindrit, mais ce qui les honore.

Dans tous les cas, avant de parler de religion, pour ou contre, il faudrait d'abord être honnête.

⁂

L'honnêteté doit précéder la religion et la suivre, comme la nature précède la grâce et en reçoit son perfectionnement.

Le bon usage des facultés et des qualités naturelles conduit à la foi et au salut; et, à son tour, la grâce de Dieu assure le bon usage des dons naturels.

L'honnête homme est sur le chemin du royaume des cieux, invisiblement attiré et guidé par la grâce, qui excite et aide la bonne volonté; et, une fois admis et assis parmi les croyants, il n'en deviendra que plus généreux envers Dieu, plus délicat à l'égard du prochain, plus sévère pour lui-même : en un mot, plus honnête.

⁂

Affecter des prétentions à la religion sans souci de l'honnêteté, c'est vouloir se jouer à la fois et des hommes et de Dieu; ou pis encore, c'est employer Dieu à tromper les hommes.

Injure grossière et vaine, faite à la sainteté infinie. On ne dupe pas Dieu, on s'abuse soi-même. Les hommages que l'on adresse au ciel d'un cœur perverti et d'une voix menteuse, déshonorent la religion dans la mesure même où ils couvrent l'absence d'honnêteté.

⁂

Faire servir la religion d'un masque qui cache l'injustice et l'improbité est une des formes les plus odieuses du malhonnête homme.

En y regardant de près, on constatera que la religion est aussi absente que l'honnêteté, et bien davantage encore ; à moins que l'on n'ait affaire avec des esprits faux et des cerveaux malades, à qui les lubies tiennent lieu de règles.

On n'est responsable que dans la mesure de raison que l'on possède. Il y a plus de fous qu'on ne pense, d'une folie complète ou d'une folie partielle.

Souvent, on est plus près de la justice en excusant qu'en condamnant.

* * *
 *

Vouloir que les gens de religion soient sans défaut, c'est exiger plus que ne peut l'infirmité humaine.

Parmi leurs défaillances, les unes font tache à l'honneur, les autres le laissent intact. Les inégalités de caractère, par exemple, peuvent bien rendre le commerce difficile ; elles ne compromettent par l'honorabilité.

Il n'en est pas de même du mensonge qui lèse les intérêts, des faiblesses qui ternissent la vertu délicate et fragile, des improbités qui blessent la justice.

⁂

Entre Dieu et le monde, il y a cette différence, que Dieu pardonne et réhabilite, tandis que le monde ne pardonne jamais sincèrement, lui pourtant qui manque, le premier, à la délicatesse, à la probité, à l'honneur. Il paraît ne pas se souvenir lorsque la fortune se reprend à sourire ; mais, à la première défaveur, il jette à la face les hontes du passé. Il se plaît toujours à les apprendre à qui les ignore et à les rappeler à ceux qui les oublient.

Dieu, dans sa force et sa sainteté, est miséricordieux. L'homme, faiblesse et misère, est implacable.

L'honnêteté perdue se retrouve devant Dieu par le repentir ; jamais, dans la mémoire des hommes.

⁂

Les mondains valent souvent mieux que le monde ; les chrétiens les plus parfaits sont toujours au-dessous de l'idéal qu'ils poursuivent. Ceux qui s'efforcent le plus de conformer leur vie à leur foi, sont les meilleurs; ce sont les saints. Il en est malheureusement beaucoup qui contredisent leur croyance par leurs œuvres.

En d'autres termes, la religion et l'honnêteté ne se divisent pas ; ou plutôt la religion est la fleur même de l'honnêteté; mais les hommes, tout en violant la religion, tiennent à passer pour religieux ; de même qu'ils persistent à se dire honnêtes malgré leurs défaillances contre l'honnêteté; et, plus d'une fois, afin de mieux violer l'honnêteté.

* *
*

Le monde, très sévère pour les imperfections des personnes religieuses ou soi-disant telles, affecte de juger de la religion par ceux qui la pratiquent, et veut la rendre responsable des violations qu'elle subit, absolument comme si elle les inspirait. C'est une injustice et une aberration : qui songe à imputer à la loi les crimes qu'elle défend et qu'elle châtie ?

**
* **

Il ne faut ni grande attention ni complaisance, — la plus élémentaire bonne foi suffit, — pour reconnaître que, sur cent personnes sans religion, on aura de la peine à en trouver une qui soit foncièrement honnête ; et que, en celles qui sont religieuses, l'honnêteté est régulièrement dans la proportion même de leur attachement à la religion.

Ce qui démontre une fois de plus l'équivalence entre l'honnêteté et la religion : l'honnêteté complète et logique conduit à la religion ; et la religion droite et sincère place au-dessus de tout l'honnêteté.

IV

L'HONNÊTETÉ ET L'HONNEUR

Honnêteté, honneur sont des termes qui s'appellent. Il peut y avoir honnêteté sans honneur; il ne saurait exister d'honneur, d'honneur véritable, sans vraie honnêteté.

Il ne faut pas confondre l'honneur avec les honneurs. En ce cas, comme en bien d'autres, le pluriel ne vaut pas le singulier.

* * *

L'honneur confine à la gloire; deux mots à peu près synonymes. La différence entre les deux, c'est que le second marque un degré plus éclatant que le premier.

Or, la gloire a été définie : Une connaissance manifeste, qui provoque la louange (1).

(1) S. August., *Contra Maximin.*, xiii : Clara notitia cum laude.

Pareillement, l'honneur appelle la louange ; et, selon l'ordre et la vérité, la louange n'est due qu'à ce qui est bon et honnête. Le bien seul est louable, et le mal répréhensible. A la vertu, les témoignages de l'estime et du respect ; au crime, les anathèmes et le mépris.

⁂

D'où il suit, que l'honnêteté et le bien se confondent dans un même concept. On est honnête, quand on fait le bien ; malhonnête, lorsqu'on fait le mal.

Mal faire, et dire : « Je suis honnête », c'est mentir ou ne pas s'entendre.

⁂

L'honneur jaillit donc de l'honnêteté. Il en est le rayonnement et l'épanouissement, comme le fruit et les feuilles naissent de l'arbre qu'ils couronnent.

L'un et l'autre plongent leurs racines dans les profondeurs de l'âme et de la conscience, de même que l'arbre enfonce et abrite les siennes dans les entrailles de la terre.

Le souffle du mal, du mal moral, flétrit et abat l'honneur et l'honnêteté, la plus belle parure de l'âme ; de même que l'aquilon dessèche et disperse le feuillage, que Virgile appelle poétiquement l'honneur des forêts :

Frigidus et sylvis aquilo decussit honorem.

Ce que nous dirons bientôt de la conscience mettra dans tout son jour ce rapport entre l'honnêteté et l'honneur.

Considérons auparavant une condition essentielle de la sincère honnêteté et du véritable honneur : le rapport moral du moyen et de la fin.

V

LA FIN ET LES MOYENS

La fin est l'élément fondamental de la moralité.

L'homme est un être moral, parce qu'il peut et doit atteindre sa fin par l'exercice de son libre arbitre. Tout ce qui le coordonne vers ce but devient une prescription de la loi morale.

Atteindre sa fin, c'est le repos et le bonheur définitif.

Manquer sa fin, c'est la damnation, l'aberration éternelle.

S'acheminer vers cette fin par les actes qui lui conviennent, c'est l'honnêteté.

* *
*

Outre la fin dernière, il est des fins intermédiaires que l'homme poursuit au gré de ses besoins ou de ses attraits. Ces fins particulières sont morales, dans la mesure où elles dirigent vers la fin dernière ; elles sont désordonnées dans la proportion où elles font dévier de ce but véritablement final.

L'honnêteté réprouve donc toute fin en désaccord avec la fin suprême de l'homme : dans l'ordre moral de tels intermédiaires égarent, loin de conduire au terme.

⁂

La fin cependant, pour beaucoup, constitue à elle-même sa moralité. Du moment qu'une chose entre dans les désirs et que les appétits la réclament, elle devient, à leurs yeux, légitime. C'est la sainteté de la passion érigée en axiome.

En réalité, c'est supprimer la loi morale et substituer l'instinct au droit et au devoir.

C'est la ruine de l'honnêteté, non seulement en fait, mais en principe.

⁂

Le monde est flottant sur l'honnêteté de la fin ; il est encore plus large et plus accommodant à l'égard des moyens.

D'après lui, la fin justifie les moyens ; à une bonne fin, tous les moyens, même les plus répréhensibles, sont bons.

Cette théorie est le renversement de la morale et de l'honnêteté. Il n'est jamais permis de mal faire, même en visant le bien. Le mal est toujours le mal, et la conscience honnête le réprouve.

⁂

Sans aller jusqu'à professer la souveraineté absolue du but, le désir excessif d'arriver aveugle sur les voies permises. Les illusions se multiplient ; l'esprit ne voit plus ce qui est clair, et il croit voir ce qui n'est que semblant. Les certitudes deviennent des doutes, et les doutes des certitudes. Les figures les plus radieuses ont des ombres, et les plus sombres ont des rayons. C'est l'optique renversée.

En un mot, on justifie ce que l'on désire et l'on condamne ce qui déplaît.

In omnibus respice finem. Le secret pour reconnaître la moralité des moyens est de tenir l'œil fixé sur la fin ; non la fin prochaine et intermédiaire que l'on convoite, mais la fin dernière à laquelle l'homme doit aspirer et aboutir.

Et pour donner à la fin toute sa clarté et toute son ampleur, il faut la dégager des oscillations du temps, et lui assigner sa vraie place, dans l'éternelle fixité.

Quid hæc ad æternitatem? Que fait ceci à l'éternité ? La réponse dissipe les illusions et répand le plein jour dans la conscience.

CHAPITRE II

LA VRAIE ET COMPLÈTE HONNÊTETÉ

L'Honnêteté naît dans la conscience, de la notion exacte de Dieu et des exigences réciproques de la vie sociale.

Elle se confond avec le devoir, et nous avons des devoirs envers Dieu et envers les hommes.

Décrivons cette origine divine de l'honnêteté et le champ qu'elle embrasse.

I

LA SOURCE DE L'HONNÊTETÉ

On a beau chercher d'autres sources ; il n'y en a qu'une, une seule, où descendent goutte à goutte, comme en un réservoir limpide, et viennent sourdre silencieusement les eaux célestes de l'honnêteté.

Cette source, ce réservoir unique, c'est la conscience.

Le malhonnête homme ne diffère en rien de l'homme sans conscience. Honnête homme, homme de conscience sont absolument synonymes.

* *
*

Chacun porte sa conscience au dedans de soi, au plus profond de son être.

Ce n'est donc pas au dehors, dans l'opinion humaine, dans le convenu, dans les mœurs qu'il faut chercher la notion, le fondement, la règle, la mesure de l'honnêteté.

Il est nécessaire, et il suffit de s'interroger soi-même.

⁂

Cette conscience, d'où procède l'honnêteté, est, en effet, le témoignage intérieur que l'esprit se rend à lui-même sur lui-même. L'être conscient sait ce qu'il pense et ce qu'il veut. Interrogé, il peut et doit répondre : « C'est moi ; me voici. » Voilà pourquoi, dans le langage humain, être conscient ou être raisonnable, c'est une seule et même chose.

⁂

Dans la conscience réside et fonctionne le ressort délicat de la liberté. Nul autre que celui qui en est à la fois l'agent et le témoin ne peut le mouvoir et le contrôler. Mais, lui, ne peut l'ignorer : il se voit et se veut tel qu'il est. En agissant dans un sens, il garde le sentiment qu'il peut ne pas agir, ou agir en sens contraire. Et, quand l'acte est accompli, il n'a qu'une réponse sincère à présenter : « La raison de cet acte est dans ma volonté ; *Stat pro ratione, voluntas.* »

* * *

Non seulement l'être libre et responsable agit avec le sentiment de sa liberté, il voit la loi ; et, maître de son vouloir, il agit à son gré, pour ou contre.

L'acte conforme à la loi est bon et honnête.

L'acte contraire à la loi est mauvais et malhonnête.

L'acte bon et honnête est louable, et, par là même, fait honneur à l'agent qui le produit.

L'acte mauvais accuse et blâme, et, pour

cette raison, est déshonorant et honteux.

La responsabilité encourue par l'être libre est donc sa gloire ou sa honte, selon qu'il a voulu le bien ou qu'il a voulu le mal; son acte est honnête ou ne l'est pas, lui-même est dit honnête ou malhonnête, selon qu'il a pris parti pour le bien ou pour le mal.

Cette connexité est le premier dictamen de la conscience.

※

En dehors de la conscience, ces deux notions connexes de l'honnêteté et de l'honneur n'existent pas.

L'agent qui ignore ce qu'il pense et ce qu'il veut, qui ne sait ce qu'il veut ni où il va; et, connaîtrait-il le but, s'il y marche fatalement, cet agent n'est pas responsable; car il ne s'appartient pas : il n'est sujet ni à blâme ni à éloge. Il peut être heureux ou malheureux; il ne saurait être ni vertueux ni coupable.

※

Le témoignage de la conscience est donc essentiel à l'honnêteté. Celui-là seul est honnête qui est en état de se dire en lui-même : « J'ai voulu et fait le bien. »

Que les hommes le voient ou qu'ils l'ignorent, qu'ils le méconnaissent même et s'efforcent de le flétrir, il n'importe ; ce dictamen intérieur suffit à décréter l'honnêteté.

Pareillement, quand l'homme se condamne au dedans, tous les éloges du dehors ne sauraient créer l'honnêteté ni la ressusciter. Seule, la conscience la fait ou la refait à son gré, par la fidélité ou par le retour au bien.

※

Plus que l'honnêteté, l'honneur semble relever de l'opinion humaine.

L'honneur est l'honnêteté reconnue et acclamée par les hommes ; c'est le rayonnement et l'éclat extérieur de l'honnêteté intime.

Néanmoins, la première éclosion de l'honneur et sa vitalité sont inséparables du sentiment de la bonne conscience. Comme l'honnêteté, l'honneur peut être contesté, méconnu ; il ne succombe véritablement qu'avec elle : semblable à ces plantes vivaces dont le fer abat la tige, mais dont la sève, réfugiée dans les racines, tend sans cesse à remonter et à refleurir.

Quand la vie honnête s'est éteinte dans le secret de la conscience, la tige de l'honneur peut encore paraître verdoyante aux regards des hommes ; le tronc, privé de la sève, se dessèche insensiblement, et n'aura plus bientôt que les apparences de la vie. En soi-même, la conscience entend ce jugement sévère prononcé contre l'ange de Sardes : « Je connais tes œuvres ; tu n'as de l'être vivant que le nom : en réalité, tu es mort (1).

---

(1) Apoc., III, 1 : *Scio opera tua ; nomen habes quod vivas, et mortuus es.*

II

L'HONNÊTETÉ DEVANT DIEU

Nous l'avons dit, dans le champ de l'honnêteté, apparaissent Dieu et l'homme. En retirer l'un, c'est la stériliser; en retirer l'autre, c'est la rendre incomplète et illusoire.

C'est en vain que l'on essaye de constituer l'honnêteté indépendamment de Dieu. Un peu de réflexion et de bonne foi suffisent à démontrer leur indissoluble union.

* * *

L'honnêteté plonge ses racines dans la conscience; et la conscience s'organise sous l'œil de Dieu. Hors de Dieu, la conscience morale n'existe pas.

Dans la même mesure et pour la même

raison, l'honnêteté a besoin, pour éclore, de cette lumière.

L'honnêteté, en effet, c'est l'assentiment volontaire au bien, à la loi, au devoir. On est honnête dans le bien que l'on veut, dans la loi que l'on respecte, dans le devoir accompli. On cesse de l'être en repoussant le bien, en violant la loi, en méconnaissant le devoir.

Or, la loi suppose un être supérieur, qui commande et sanctionne ; et le devoir, un être subordonné qui est astreint à obéir.

La conscience met ainsi l'homme libre en présence et sous la main de Dieu.

***

Dieu intervient encore dans l'honnêteté, parce qu'il réclame la première part.

Notre honnêteté est relative, non seulement dans ce sens qu'elle n'est pas indéfectible ; mais aussi à raison de la diversité de ses objets.

Le premier objet de notre vie morale, c'est Dieu. A lui donc nos premiers devoirs et nos plus strictes obligations.

⁂

La Religion embrasse ces devoirs et ces obligations.

L'homme religieux rend à Dieu l'hommage de l'adoration, il se repose sur sa parole et ses promesses, et lui fait par l'amour et la reconnaissance l'entière oblation de lui-même. Il tient pour un rempart son nom et sa protection, et il garde, vif et profond, le sentiment de son action et de sa providence. Sa foi, son espérance, sa charité se raniment dans la prière : dans la prière quotidienne, et dans une prière plus vive, plus ardente aux jours que le Seigneur s'est réservés.

Qui ne le voit? Toute la Religion est là; et là aussi est, en substance, la part de Dieu.

Sans doute, Dieu édicte les lois qui règlent les rapports avec les créatures, il les contrôle et les sanctionne ; et, en respectant cet ordre, l'homme honore Dieu. Mais, quand il se retourne vers cet être souverain en oubliant tout ce qui est au-dessous, c'est alors surtout qu'il lui rend l'hommage qui lui est dû, c'est alors qu'il fait bien et qu'il est honnête.

※

Pour le monde incrédule cependant, les devoirs envers Dieu ne font point partie essentielle de l'honnêteté. N'avoir pas de religion et être honnête, ne sont point, à son dire, choses incompatibles.

A ce compte, l'honnêteté n'intéresse que les hommes. Il est loisible d'oublier Dieu, de le nier, de l'outrager, sans néamoins rien perdre, aux yeux de ses semblables, de l'auréole de l'honnête homme.

C'est une inqualifiable aberration; et, si les oreilles humaines s'accoutument à l'entendre sans frémir, cela prouve simplement combien notre esprit est accessible à l'erreur et sympathique au mensonge.

※

L'honnêteté n'est pas plus indépendante de Dieu que la morale. Dieu une fois écarté, la distinction du bien et du mal n'est plus qu'un préjugé, et la conscience une illusion; les hommes n'ont d'autre loi ni d'autre lien que l'intérêt; et, manqueraient-ils à cette loi, rompraient-ils ce lien, ils échappent à toute sanction supérieure, ne relevant plus que d'eux-mêmes.

Il ne faut plus parler de probité, de conscience, de devoir, de sanction : mots vides de sens, qui perpétuent la superstition parmi les humains, et les empêchent, par de puériles espérances ou de vaines terreurs, de goûter en paix les jouissances du moment, les seules véritables.

L'égoïsme est l'unique et suprême loi, chacun n'ayant à pourvoir qu'à soi-même, à son sort, à ses plaisirs, à sa sécurité, par la lutte contre les obstacles et contre quiconque lui dispute sa part de bien-être.

Toute la vie de l'homme est dans cette lutte pour l'existence.

* * *

De bonne foi, en éliminant Dieu de la morale et de l'honnêteté, n'est-ce pas l'honnêteté et la morale qu'on élimine? Car enfin, est-il besoin d'un grand effort d'esprit pour comprendre qu'en séparant la vie morale de la croyance en Dieu et du respect de Dieu, on ébranle le fondement de l'honnêteté, fût-ce de l'honnêteté purement humaine? Des restes peuvent surnager, parce que l'homme est encore plus illogique que méchant; mais ces épaves mêmes sont flottantes et vaines, incapables de rien soutenir. Ne dépendant plus de personne, de qui relèvera-t-on ?

Dès que l'intérêt se trouvera engagé, cet être libre, pour qui Dieu n'est rien, estimera que ses pareils qui le gênent lui sont moins encore : il les supprimera ou les supplantera sans l'ombre de scrupule.

Quand la base est ébranlée, tout l'édifice croule, et Dieu est la base indispensable de l'honnêteté et de la morale.

* * *

Les législations qui protègent, pour ainsi parler, les droits de Dieu, assurent le respect des droits de l'homme et se sauvegardent elles-mêmes.

Les actes intimes de l'adoration, de la foi, de l'espérance, de l'amour échappent au contrôle humain. Il n'en est pas de même des démonstrations du culte : elles rentrent dans le domaine extérieur, et devraient être garanties par la loi. La prière part des profondeurs de l'âme, mais les manifestations publiques peuvent et doivent être protégées. La piété ne reçoit d'ordres que de Dieu ; mais le législateur humain s'honore en interdisant les licences de l'impiété et les horreurs du blasphème.

Les pouvoirs publics ont si ouvertement rompu toute alliance avec la Religion, qu'ils craindraient aujourd'hui de passer pour rétrogrades en édictant des sévérités contre les mécréants et les blasphémateurs.

⁂

Avant de réinscrire ces sanctions dans la loi, il est sage, nous en convenons, de les réintégrer d'abord dans l'opinion et dans les mœurs. En attendant, il ne faudrait pas se lasser d'affirmer l'inséparable connexion de l'honnêteté envers Dieu et de l'honnêteté envers l'homme, le nécessité et la vertu du sentiment religieux pour obtenir la fidélité aux devoirs sociaux.

L'apostasie des gouvernements est le contre-coup de l'indifférence et de l'hostilité de l'opinion. Supprimer la cause, c'est préparer la suppression de l'effet.

* * *

Que les gouvernements s'abstiennent par incrédulité ou par politique ; que le public s'égare en feignant de croire à la possibilité d'une morale indépendante du dogme et d'une justice humaine isolée de celle de Dieu : il n'en demeure pas moins certain que l'honnêteté sincère et sérieuse n'est que le fonctionnement de la conscience, et que Dieu est la lumière et le premier ressort de la conscience.

Ce n'est donc que par une inconséquence dont l'homme est coutumier, que le mépris de la religion, qui est l'honnêteté envers Dieu, n'entraîne pas aussitôt la ruine de toute honnêteté. Mais, tôt ou tard, la logique reprend ses droits ; il faudra remonter ou descendre encore, tout rétablir ou tout détruire.

III

L'HONNÊTETÉ DEVANT LES HOMMES

Venons à l'honnêteté que les hommes entendent bien et sur laquelle ils affectent d'être sévères ; celle qui les intéresse et dont ils recueillent sensiblement le bénéfice.

Cette honnêteté humaine embrasse des points de vue divers dans la vie et les relations sociales.

En voici le programme sommaire.

* *
*

Le ciment de la société est la parole, à la condition qu'elle sera l'expression de la vérité et de la bonne foi. Le mensonge est le dissolvant de la vie de relation. Voilà pourquoi, tout en mentant beaucoup, les hommes flétrissent le mensonge et les menteurs.

* *
*

Après la sincérité, condition indispensable

de la vie sociale, les hommes tiennent aux biens dont ils jouissent ou qui leur sont dus. Y porter atteinte, c'est manquer à l'honnêteté.

Parmi ces biens, deux sont intimes : la vie du corps et l'intégrité de l'âme ; deux autres sont extérieurs : la fortune et la réputation.

Qui touche à ces biens n'est plus honnête.

* *
*

Des hommes qui forment la société, ceux dont on attend particulièrement le respect de la vérité et de la justice sont ceux qui font profession ouverte de religion.

Quand le mensonge et l'injustice viennent d'eux, la blessure qu'ils font est plus cruelle, et la flétrissure qui leur en revient, plus honteuse.

* *
*

Il est d'autres prévarications à l'honneur qui causent des étonnements douloureux et des répulsions indignées.

La fonction publique commande le respect et appelle la confiance. On attend du prêtre l'édification religieuse ; du juge, le respect de l'équité et de la loi ; du maître d'école, la protection de l'enfant ; du médecin, le dévouement, les soins consciencieux et la réserve ; du soldat, les délicatesses de l'honneur ; du dépositaire de la fortune publique, une stricte probité ; de chaque fonction, en un mot, ce qu'elle annonce et ce qu'elle s'engage à donner.

Tromper cette légitime attente, c'est forfaire à l'honnêteté.

*
* *

En chaque profession, en chaque situation sociale, l'honnêteté a sa forme et son code spécial ; et aussi ses déchéances propres, que l'on explique et que l'on s'efforce d'atténuer, mais qui laissent au front le stigmate du déshonneur.

※

Enfin, quand, au dehors, l'homme subit l'injustice et voit se multiplier les déceptions, il lui reste un asile : le toit domestique, où il jouit avec ceux qu'il aime de ses biens et des fruits de son travail.

Mais, si, à ce foyer où il espérait avoir sécurité et bonheur, il trouve le mensonge, la perfidie, la honte, la révolte, l'ingratitude, alors une inguérissable tristesse envahit son âme ; et, aurait-il au dehors l'abondance, l'amitié et la considération, la vie lui est amère et désenchantée.

L'être qui trompe, déshonore et bouleverse la famille, n'a de l'honnêteté et de l'honneur que les anathèmes.

※

En ces divers aspects, l'honnêteté a ses droits et ses douleurs. Plût à Dieu que chacun sût y découvrir la proportion exacte de ses torts !

La conscience devrait être le premier tribunal où ces violations sont condamnées. Souvent, hélas ! les coupables s'attachent à les excuser, à les amoindrir, à les méconnaître. Le monde, impitoyable pour les uns, indulgent pour les autres, tentateur pour tous, manque de justice après avoir manqué d'honnêteté.

Les victimes elles-mêmes n'ont pas l'exacte mesure. Elles ressentent trop vivement l'amertume, et la plus noire malhonnêteté leur paraît être celle dont elles souffrent.

Dieu seul est juste.

**
*

Il nous faut examiner en détail les injures que l'homme inflige à l'Honnêteté vis-à-vis de ses semblables et à l'égard de Dieu.

CHAPITRE III

LES INJURES FAITES A L'HONNÊTETÉ

Ces injures sont diverses comme les devoirs que la conscience impose.

Ouvrons cette énumération par le mensonge, qui outrage la vérité et viole le pacte social.

I

LE MENSONGE

La parole sert de lien entre les hommes, à la condition d'être véridique ou du moins sincère.

L'homme qui ment, se met au ban de la société ; car la société repose tout entière sur la confiance réciproque.

Le menteur n'est pas seulement un être inutile qui refuse son concours ; il devient une pierre d'achoppement ; il égare sous prétexte de renseigner ; il précipite en paraissant soutenir ; il dépouille et n'apporte rien.

* * *

Le mensonge atteint son apogée, l'apogée du crime et de la honte, dans les faux serments.

Les anciens croyaient les parjures sous le coup des vengeances divines. La perfidie spéciale du parjure, en effet, est de faire Dieu le complice du mensonge ; c'est une atteinte violente à sa sainteté. Dieu doit, en quelque sorte, à son honneur de se dégager.

Nous voudrions pouvoir dire que le parjure est une monstruosité rare. « Ne me parlez pas de témoins, disait un homme de loi dans une affaire où le parjure devait avoir son rôle ; on fait dire à tant de gens ce que l'on veut ! »

Les faux témoins coûtent cher quelquefois ; mais on en trouve aussi à bon marché ; une faveur, un verre de vin, une tasse de café suffisent à ébranler certaines consciences. Ils répéteront une leçon apprise, affirmeront ce qu'ils savent être faux, et tairont obstinément la vérité ou l'essentiel de la vérité.

Nous en avons connu qui se seraient indignés si l'on avait seulement soupçonné dans le secret de son âme leur honnêteté. Et dans les prétoires, ils se parjuraient et poussaient au parjure.

O sottise, ô pauvreté humaine !

***

La conséquence la plus désastreuse du mensonge n'est pas de tromper une fois ; c'est de supprimer la confiance.

L'affirmation fallacieuse frappe d'infirmité la bouche qui la profère. A chaque affirmation nouvelle, on a le droit et la tentation de discuter ce qu'elle vaut, et de se demander anxieusement ce qu'elle donne.

Sans doute, il est généreux d'admettre que l'homme ne trompe que par exception et lorsque l'intérêt l'y incite. Mais qui sait l'heure où il peut être expédient de mentir ? Et n'est-ce pas déjà susciter le doute que de fournir l'occasion de le combattre ?

⁂

Mentir n'infirme pas seulement la parole, toute la vie s'en trouve affectée.

Ce qui honore l'homme, c'est moins l'acte externe que l'intention. Or, l'intention est entièrement du ressort de la sincérité. Dès que la sincérité est mise en suspicion, la vie extérieure perd sa dignité. Son prix du moins est amoindri dans la mesure même où l'intention peut être discutée et demeure incertaine.

L'homme à deux faces est odieux et constamment suspect; et le menteur, c'est l'homme à deux faces.

* *
*

Dieu seul possède le privilège de ne pouvoir ni tromper, ni se tromper. Attendre de l'homme la vérité absolue, c'est trop lui demander; il faut se contenter de sa bonne foi.

Quand il dit ce qu'il sait ou ce qu'il croit savoir, quand il promet ce qu'il a l'intention de tenir; se tromperait-il, il est en règle avec la conscience et avec l'honneur. La vérité lui manque; il ne manque pas à la vérité. Si, à son insu, il égare, c'est un accident dont il n'est pas responsable. En principe, par cela même qu'il obéit à sa conscience, il rend à la vérité l'hommage qui lui est dû.

La bonne foi est respectable presque à l'égal de la vérité. Elle est du moins pure de l'ignominie du mensonge. Le menteur peut servir la vérité, lors même qu'il travaille à la trahir; il n'en a pas moins le déshonneur de sa trahison.

⁎

Il n'est jamais permis de contredire la vérité. Nous ne sommes pas cependant à la merci des indiscrets, ni contraints de leur livrer ce que notre intérêt et celui du prochain nous conseillent ou prescrivent de tenir voilé.

Il est donc licite de recourir à des paroles évasives et à des formules courantes pour écarter les indiscrétions. Cela signifie, pour qui sait entendre, que l'on refuse de répondre ou de s'engager.

La loi du secret est tellement grave et nécessaire au bien public, que la justice humaine ne peut contraindre ceux que leur profession appelle à recevoir des confidences et à donner conseil, à le rompre. Peut-on admettre que le premier venu ait le droit de soulever les voiles qui protègent l'intérêt et l'honneur d'autrui?

II

LA TRAHISON DOMESTIQUE

Dans l'effort du travail et au milieu des préoccupations de la vie extérieure, l'homme rêve la paix et le repos au foyer domestique; et, s'il y trouve la joie et la sécurité, il soutient vaillamment le poids de la vie et les revers de la fortune.

Si, là même, lui surviennent les contradictions, les déceptions, les trahisons, son courage alors l'abandonne. Il ne sait plus s'orienter dans la vie, et quels que soient au dehors ses gains, ses triomphes, sa popularité, tout lui est amertume et douleur. Il peut s'étourdir et oublier pendant quelques heures du jour; en rentrant sous son toit, l'affreuse réalité le ressaisit.

* *

C'est bien autrement cruel pour la femme.

Toute sa vie est au foyer. Si là, sont, les dédains, la honte, les brutalités, c'en est fait du bonheur : elle ne le connaîtra plus sur la terre.

Vainement, d'ailleurs, elle le chercherait au dehors. Elle y trouvera le bruit, les pièges, les sévérités, la déconsidération, le déshonneur peut-être ; jamais la joie pure, la douce paix de l'âme, la sécurité et l'abandon sous le regard de Dieu.

* * *

Le moins que l'on puisse demander dans la famille, c'est l'honnêteté réciproque.

La bonne grâce, l'amabilité, les égards délicats, chacun doit les donner ; mais souvent c'est espérer plus qu'on n'obtiendra, en les exigeant.

Même avec de la bonne volonté, on ne supprime pas entièrement les défauts de caractère, les inégalités d'humeur, les saillies et les réserves. Plus on en passe aux autres, moins on en souffre et plus on en guérit.

Mais l'honnêteté est indispensable : il la faut de part et d'autre.

* * *

Les serments obligent l'homme aussi bien que la femme.

La morale du monde, qui permet tout à l'un, et rien à l'autre, n'a ni logique ni équité. Ou bien il faut dire que l'homme reçoit sans donner, qu'il lie sans se lier, qu'il a des droits et pas de devoirs.

C'est au fond la négation de l'égalité dans le contrat, et le retour pur et simple aux mœurs païennes. Le mariage, dans ces conditions, ne serait que l'acte de servitude qui livre une esclave aux mains d'un tyran.

Pour être honnête, il faudrait, avant toute union, déclarer que tel est le code auquel on prétend se soumettre, à l'exclusion du code évangélique, qui impose au mari, aussi bien qu'à la femme, la plus stricte fidélité.

* *
*

Au premier aspect cependant, l'infidélité de la mère apparaît plus grave, plus féconde en honte et en ruines.

A considérer les suites, c'est incontestable; et les fautes prennent principalement leur mesure des conséquences.

Comptera-t-on néanmoins pour rien la complicité de l'homme dans ces perturbations domestiques? En vertu de quel principe le mal que l'on fait aux autres est-il plus excusable que celui que l'on subit soi-même!

L'homme et la femme tombent de concert.

Le plus souvent, l'homme circonvient et entraîne la femme.

Pourquoi l'un serait-il plus excusable que l'autre?

Etant données les mêmes circonstances, la part devrait être égale dans la honte, comme elle l'est dans le crime.

***

La loi a trouvé le moyen de régulariser le désordre en lui donnant la permanence du divorce.

Quoi qu'en pensent les négateurs de la foi chrétienne, quoi qu'en disent les codes nouveaux, le mariage entre chrétiens est indissoluble ; il n'y a plus, tant que vivent les deux contractants, d'autre association que le concubinage aggravé de l'adultère.

Ce qui est, est : les négations n'y font rien. L'ordre et la constitution du mariage chrétien échappent à la compétence humaine. Le Christ, en instituant le sacrement des époux, l'a soustrait à cette atteinte et introduit dans son domaine exclusif.

L'Etat n'a qu'à protéger l'institution divine, à constater et à garantir devant les hommes le lien intervenu entre les contractants. Son rôle est purement externe. Ce serait étrange que l'Etat, qui n'est que l'homme, prévalût contre le Christ, qui est Dieu.

※

L'infidélité conjugale, ouverte ou cachée, est un ver abject qui tare les familles et précipite la ruine des maisons.

Quand une famille s'éteint ou que ses membres se dispersent aux quatre vents du ciel ; quand un toit s'écroule, soudainement ou avec les lenteurs de l'indigence, parfois les hommes se demandent avec étonnement à qui incombe la cause de ces désastres. Une mère déshonorée, un père prévaricateur répondent secrètement dans leur conscience : « A moi ! — à nous ! »

L'honnêteté ayant déserté le foyer, les vices dissipateurs ont pris sa place ; Dieu a retiré sa main, la main qui bénit ; et tout a fondu, tout s'est écroulé.

* *
*

Le respect réciproque de la foi jurée est la première loi de l'honnêteté au sein de la famille ; la formation des enfants aux sévérités de l'honneur est au moins la seconde.

Un père qui enseigne l'improbité, encourage les rapines et dresse aux vilenies ; une mère qui laisse glisser sa fille dans les fanges : l'un et l'autre sont abominables et mériteraient la dégradation du fouet sur la place publique.

Le nouvel esprit qui inspire nos législateurs exalte les prérogatives paternelles et maternelles partout où il s'agit du mal ; il confisque, au contraire, l'enfant à son père et à sa mère, pour empêcher la formation de la conscience, l'éducation religieuse et chrétienne.

Qui nous donnera, qui nous rendra la liberté sincère, la liberté du bien et de l'honneur, l'honnêteté enfin ?

III

LE SANG

Le sang injustement répandu souille et imprime une tache indélébile.

La vie du corps et la santé sont pour la plupart des hommes l'intérêt qui prime tout. Y porter atteinte, c'est encourir les anathèmes et les mépris. Le plus grand reproche, comme l'injure la plus grave que l'on puisse adresser à un homme, est qu'il a du sang dans les mains. Ces taches, quand elles existent, ne s'effacent jamais.

* *
*

Par une réversibilité qui a sa raison d'être, la souillure sanglante passe des mains du meurtrier au front de sa famille. L'honnêteté peut subsister ici, l'honorabilité souffrira longtemps ; aussi longtemps que ce souvenir se prolongera dans la mémoire des hommes.

La solidarité dans la famille n'est pas un vain mot. Chaque membre y travaille à la prospérité ou à la détresse, à la gloire ou au déshonneur de tous.

Dieu, sans doute, sépare les innocents ; et c'est justice que les hommes les distinguent aussi. Plus cependant est vif et durable ce sentiment de l'honneur commun et indivisible, plus il raffermit en tous l'honnêteté et la protège contre les défaillances.

* *
*

Le retentissement et l'éclat épouvantent et indignent souvent les hommes plus que le crime. La véritable honnêteté ne connaît point ces aggravations. Ce qui la révolte, c'est le crime même. Elle respecte la vie humaine, depuis la première éclosion dans le sein maternel jusqu'aux dernières angoisses de l'agonie. Elle réprouve également et les violences qui assaillent brutalement, et les perfidies qui distillent la mort dans l'ombre et le silence, sous le couvert des larmes et des caresses.

On ne saura qu'au jour des révélations combien fut grand le nombre des meurtriers et des victimes. Ceux-là seuls peuvent le pressentir qui ont pénétré au fond des consciences.

* *
*

Le duel a beau se faire au nom de l'honneur, il ne procède pas de l'honnêteté. Il manque pour cela de justice, de la justice la plus élémentaire.

Les préliminaires officiels de ces rencontres établissent entre les parties les situations respectives d'offensé et d'offensant. Les torts étant du côté de l'offensant, en justice, c'est à lui que reviendrait l'expiation. Or, qui ne sait que, dans ces combats singuliers, l'offensé peut être blessé, blessé à mort, tué sur le coup ! A l'injure déjà reçue, viendra s'ajouter une injure nouvelle.

Où est ici la justice?

Une autre exigence de la justice est que la proportion soit gardée entre l'offense et le châtiment. Dans le duel, tandis que l'offense est déterminée, le châtiment est aléatoire; il peut être nul, il peut aller de la simple égratignure à la mort. C'est affaire d'adresse et de chance.

Des juges graves, consciencieux, auraient peut-être quelque peine à trouver un délit punissable; et souvent, c'est parce que ces injures ne relèvent pas de la loi, qu'on les défère à la sanction problématique du duel.

L'honneur est la fleur de l'honnêteté. Or, l'honnêteté calme et vraie proteste contre ces aventures au nom de la justice et du bon sens.

Vaine protestation ! La tyrannie de l'opinion est plus forte que l'évidence.

※

Le sang répandu pour la défense personnelle, au lieu de rejaillir sur ceux qui le versent, scelle la honte des injustes agresseurs.

L'ordre public exige que les honnêtes gens ne soient pas à la merci des scélérats. La loi interdit de se faire justice soi-même, à la condition toutefois qu'il n'y aura point de péril en l'attente. La justice qui désarmerait la victime en face des assassins, au risque d'arriver trop tard pour maintenir ou rétablir le droit, ne serait qu'une dérision.

La justice qui autorise la défense légitime est primordiale ; l'autre est plutôt positive que naturelle.

※

L'instinct de la conservation et la colère aveugle poussent parfois les honnêtes gens, injustement assaillis, au delà des limites. Il est facile d'exagérer le péril, et difficile de mesurer ses coups.

Les juges qui ont le sens de l'équité doivent toujours faire pencher la balance du côté des assaillis contre les agresseurs. Les premiers violateurs de la loi sont mal venus à se réclamer de sa protection.

⁂

Il est permis de regretter que vertu ne soit pas toujours synonyme de courage : les misérables auraient moins beau jeu. C'est une remarque à la portée de tout le monde, qu'ils sont particulièrement audacieux contre les gens inoffensifs, et quand ils se croient sûrs de l'impunité.

C'est concourir à la salubrité publique que de troubler cette sécurité insolente.

⁂

Il n'en est pas moins vrai que le martyre empourpre glorieusement sa victime. On prétend même qu'il fortifie et rajeunit les courages et que les causes publiques retrempent leur vitalité dans le sang.

Cela est surtout vrai de la Religion divine; non par la vertu féconde du sang versé, mais grâce aux promesses d'immortalité faites par son divin fondateur.

Ce qui revient à prouver qu'elle vit malgré le martyre.

La persécution a plus d'une fois étouffé ce qui peut mourir. Les naïfs seuls comptent sur la mort pour vivre.

* *
*

Donner sa vie sans plainte ni murmure, par amour pour la vérité, pour la justice et pour Dieu, est un héroïsme qui impose l'admiration. Au fond, tout le profit est pour la victime : c'est l'échange de la vie périssable pour l'immortelle vie.

C'est égal, à considérer la chose humainement, pour l'ordre public et l'efficace répression du mal, il semblerait préférable de passer à l'innocence et à l'honnêteté les privilèges et l'audace que s'arroge le crime.

*_**

On n'a pas d'ailleurs à redouter les excès ; l'honnête homme a le respect et l'horreur du sang. Sa main est exempte de cette souillure et ne touche point la main qui en est maculée.

S'il sait souffrir et pardonner, il n'est pas de ceux qui se dérobent à l'heure où la justice poursuit les criminels. De la terre qui a bu le sang injustement répandu, il entend s'élever la voix plaintive qui demande réparation.

IV

LE SCANDALE

Tuer le corps est aux yeux des hommes un crime abominable; tuer l'âme leur paraît un jeu.

Bien que les incitations au mal n'excusent point celui qui succombe, le provocateur assume sa part d'influence prévue et voulue. Si l'on méconnaît cette responsabilité morale, il ne reste qu'à nier la notion même de l'honnêteté.

Malheureusement, c'est trop exiger des hommes que de leur demander de la logique.

***

Le seul exemple du mal commence le scandale; les mauvais conseils, les menaces, les promesses, les appels répétés ont encore une plus grande part à la ruine.

Il ne faut jamais oublier que l'homme est faible, et qu'il incline au mal.

Dans l'ordre des mœurs, l'honnêteté sincère redouble de précautions pour ne pas trouver et ne pas fournir des occasions de chute. Etant donnée la fragilité humaine, on ne saurait à cet égard pousser trop loin la sévérité et la prudence. Qui veut éviter les incendies écarte des matières inflammables les moindres étincelles, et jusqu'à l'approche du feu.

※

Si l'honnêteté condamne le scandale de surprise, elle flétrit le guet-apens. Dans le premier, ce ne sont peut-être que deux faiblesses qui s'entraînent et succombent. Mais l'agent qui prémédite la perfidie mérite spécialement la note infamante de corrupteur.

Les lois devraient être sévères pour les corrupteurs.

Il est vrai que cette aggravation n'est pas

toujours facile à constater par voie de procédure. A mesure qu'elle s'agrandit, elle échappe même aux sanctions intérieures du remords ; car la conscience s'émousse dans les préméditations prolongées et répétées du mal.

※
※ ※

Le scandale donné aux petits et aux faibles est particulièrement détestable. Le satirique latin (1) voulait qu'on respectât l'enfant; plus sévère, le Christ (2) voue à l'anathème celui qui le pervertit.

La corruption de l'enfance est une œuvre abominable. Que dire des législations qui visent, opèrent et perpétuent de telles ruines ? Le mot peut paraître dur, il n'est que juste : c'est de la scélératesse.

---

(1) JUVÉN., *Sat.* XIV : Maxima debetur puero reverentia.
(2) *Matth.*, XVIII, 6.

**
*

Parmi les faibles, il convient de ranger le peuple.

Déjà poussée au mal par instinct, la foule succombe à tout piège qui lui promet le plaisir, le divertissement, la licence. On est sûr de flatter son goût et de satisfaire son penchant en multipliant les exhibitions obscènes, les discours impudents, les lectures immorales.

Tout ce qui se perd de vertu dans ces spectacles et ces excitations est incalculable.

Ces ruines sont à la charge de tous ; elles accusent principalement ceux qui les provoquent, ou qui, pouvant les empêcher, les tolèrent.

Malhonnête le public, malhonnêtes les agents et les auteurs, malhonnêtes les gouvernements. Corrompus et complices y laissent leur honnêteté.

⁂

Malhonnêtes surtout ceux qui organisent le scandale et lui impriment la permanence et la perpétuité. Leur crime a quelque chose de plus noir et de plus satanique que la préméditation qui prépare une ruine passagère. Ici, c'est une individualité qui faillit ; là, c'est la foule qui tombe et continuera à tomber.

Quels que soient les honneurs qu'on leur décerne, et les acclamations mêmes qui leur viennent de leurs victimes, leur front est marqué de l'infamie ; et, plus leur triomphe est retentissant, plus ils ont droit à l'exécration.

⁂

Pour apprécier de tels crimes, il faut laisser de côté la justice humaine, dont les plus grandes rigueurs n'égaleraient pas le forfait : c'est au tribunal de Dieu qu'il faut se transporter. Dieu seul connaît le prix des âmes, et compte la multitude que ces scandales permanents plongent dans les abîmes.

L'enfer, si la miséricorde infinie ne les sauve, sera effroyable pour ces pervertisseurs immortels.

※

C'est la spécialité de notre temps d'évoquer les grands criminels et de leur décerner l'apothéose des statues. La guerre contre Dieu n'a pas de signe plus impudent.

Saint Augustin peint en deux mots la vraie situation : *Laudantur ubi non sunt ; cruciantur ubi sunt :* Ils ont la gloire où ils ne sont plus, et les tourments là où ils sont.

V

LE VOL

Je connais un pays où les jurés absolvent indistinctement les assassins, ou leur accordent les circonstances les plus atténuantes, tandis qu'ils sont impitoyables pour les voleurs. L'indulgence a de quoi surprendre, mais non la sévérité.

Les hommes attachent trop d'importance aux biens terrestres qu'ils possèdent, pour ne pas les protéger par toute l'énergie des lois. La propriété est la condition de la vie sociale qu'ils comprennent le mieux.

Néanmoins, cette cupidité qui les rend sévères à l'égard d'autrui, les aveugle sur les vols qu'ils commettent eux-mêmes. C'est principalement en cette matière qu'ils ont deux poids et deux mesures, et qu'ils sont besaciers.

* *
*

Le monde d'ailleurs est dans l'habitude de distinguer entre voleur et voleur.

Ceux qui dérobent le bien d'autrui petitement, maladroitement, et s'y laissent prendre, subissent la honte et la rigueur des lois.

Ceux qui opèrent en grand et bravent la justice, ceux-là sont les heureux et les honorés du siècle.

L'honnête homme ignore ces distinctions. Il professe un respect sincère et constant de la chose d'autrui, et distribue aux voleurs, petits et grands, dans l'exacte proportion de leurs rapines, la réprobation et le mépris; s'il fait une part plus large, c'est aux plus heureux.

* *
*

L'intervention de la justice produit parfois une étrange illusion relativement au droit de propriété. On se figure qu'elle supplée aux titres qui manquent et à la bonne foi; que l'on peut jouir paisiblement de ce qu'elle adjuge, bien que la conscience ait protesté jusque-là.

Dans les cas douteux, que ces décisions rassurent la conscience, cela se comprend; mais elles ne changent en rien les conditions de la mauvaise foi.

Les procès iniques ruinent à la fois les maisons de ceux qui les perdent et les âmes de ceux qui les gagnent.

* * *

Ce qui met à l'abri des lois ne décharge pas la conscience.

Les faillites prévues, préparées, où l'on soustrait par des mains complaisantes et intéressées, en recourant à des précautions anticipées et à des réserves secrètes, ce qui pourrait et devrait dédommager les créanciers, sont injustifiables : tout cela, c'est prendre et retenir le bien des autres, c'est violer le 7º commandement de Dieu :

> Le bien d'autrui tu ne prendras,
> Ni retiendras à ton escient.

Et, au tribunal de l'honnêteté inflexible, c'est le vol.

.˙.

Le péché du vol est ordinairement irrémissible, non par le fait de Dieu, toujours prêt à pardonner au repentir ; mais par celui de l'homme, qui ne se repent presque jamais.

Le retour à l'honnêteté impose l'inexorable loi de la restitution. S'il suffisait de demander grâce et pardon à Dieu, il y aurait des conversions. Il faut rendre, à moins d'impossibilité ; il faut se dépouiller après avoir joui. Pour le grand nombre, la condition est trop dure. Elle paraît exorbitante, irréalisable, à ceux qui, à force de prendre, se sont fait une opulence ; à ceux-là aussi qui l'ont reçue de leurs mains.

Avouer sa honte, et descendre des aises et des superfluités de la vie à la médiocrité, c'est un héroïsme qui surpasse les forces humaines.

⁂

Il en est qui pensent retrouver l'honnêteté en multipliant les libéralités, les aumônes et les œuvres pies.

C'est une façon de calmer la conscience qui peut faire illusion aux possesseurs et au public, mais qui ne satisfait ni Dieu ni les dépouillés. Le Sage (1) recommande d'honorer le Seigneur de sa substance, c'est-à-dire de son bien, non de celui des autres. Si Dieu agréait ces détournements, il deviendrait le recéleur des rapines.

Devant Dieu et dans l'intimité de la conscience, le plus simple est de laisser les finesses et de rendre hommage à la loi.

(1) I *Prov.*, III, 9 : Honora Dominum de tua substantia.

6

⁂

Le devoir de la restitution n'astreint pas seulement à rendre la chose injustement prise ou détenue, mais encore à réparer les dommages causés sciemment et par mauvais vouloir. Qu'importe à qui est dépouillé que son bien tombe et demeure aux mains des ravisseurs, ou qu'il périsse par leur malveillance?

Voleurs et damnificateurs sont soumis à la loi de la réparation. L'honnêteté est à ce prix.

Même, quand la victime a cessé de se plaindre, le bien mal acquis ou injustement détruit fait entendre sa voix, à la façon du sang criminellement répandu, pour appeler son maître et réclamer justice. C'est un axiome de droit : *Res clamat Domino*.

⁂

Prendre iniquement le bien d'autrui est un

vol, quel que soit le prenant et de quelque manière qu'il procède.

Quand les simples particuliers sont en cause, c'est une morale reconnue. S'agit-il des gouvernements? on se prend à douter : les gouvernements nouveaux ne relèvent plus du vieux Décalogue !

Le siècle dernier vit à son déclin, et le nôtre a vu à son début et dans son cours à maintes reprises, des iniquités qui eurent et affectent encore la prétention d'être légales ; mais qui ne furent et ne seront jamais honnêtes.

Sur la proposition faite le 10 octobre 1789, par l'évêque renégat d'Autun, Talleyrand-Périgord, de diplomatique et cynique mémoire, l'Assemblée nationale décréta, le 2 novembre suivant, que l'Etat avait le droit de disposer des biens de l'Eglise, en prenant à sa charge les dépenses nécessaires au culte.

C'était un vol pur et simple, voilé sous les

dehors d'une indemnité. Mais, du moins, l'indemnité restait comme garantie et comme atténuation du droit violé.

Dans le Concordat de 1801, article 13, le Pape, seul arbitre autorisé de ces sortes de transactions, renonçait à toute revendication sur les biens ecclésiastiques aliénés ; de son côté (art. 14), l'Etat prenait l'engagement de pourvoir à l'entretien convenable du clergé.

La spoliation, sans doute, était consommée ; mais l'Eglise ne consentait à l'abandon de ses droits qu'à la condition que l'Etat paierait une redevance annuelle aux ministres du culte catholique.

Ce que l'on est convenu d'appeler le traitement du Clergé est donc une indemnité reconnue, et due en rigoureuse justice, par l'Etat ; c'est une dette contractée par lui pour compenser la spoliation par lui accomplie. Il n'est pas plus autorisé à retenir cette indemnité qu'il ne l'était à s'emparer des biens ecclésiastiques.

La situation du Clergé en face de l'Etat n'est donc pas celle d'un salarié ou d'un fonctionnaire, mais bien celle d'un créancier vis-à-vis de son débiteur, débiteur inique, à qui il a fallu abandonner les neuf dixièmes de sa dette.

Les politiques qui réclament à cor et à cri la séparation de l'Eglise et de l'Etat, devraient au préalable, s'ils sont honnêtes, pourvoir à la restitution des biens injustement ravis.

Prendre, et ériger en principe qu'on n'a rien à rendre, c'est être deux fois voleur; c'est voler la propriété, et c'est supprimer le droit. De ces deux énormités, la seconde l'emporte de beaucoup sur la première.

* * *

Nos gouvernements révolutionnaires ont une tendance instinctive au vol de la chose ecclésiastique.

Ils ont imaginé de suspendre, c'est-à-dire de retenir, le traitement, cette faible indemnité décrétée dès le principe et renouvelée par le Concordat.

Les ministres des Cultes jouent de cette suppression pour punir et terroriser le clergé; et ils ont à leur service de hauts tribunaux pour les absoudre.

C'est le vol perprété au nom de la loi, au mépris de la loi, par les représentants de la loi :

Et serait-ce la loi, ce ne serait jamais la justice.

*   *
*

A cela que faire? me dira-t-on. Contre la force point de résistance, ainsi que proclamait naguère, intempestivement, un prédicateur que la hardiesse de sa parole aurait pu faire soupçonner moins endurant et plus courageux.

Avec de telles résignations, on subit tout, on lâche tout, on perd tout.

Si, à la première suppression, l'autorité compétente avait répondu en supprimant le service religieux, il est vraisemblable que les gouvernants, qui ont à compter avec les électeurs, n'auraient pas recommencé.

Il eût été glorieux pour un évêque d'y mettre son traitement, sa liberté, sa vie même au besoin. Saint Thomas de Cantorbéry n'est pas mort pour une autre cause.

On attend, sans doute, pour ces sacrifices héroïques, que tout espoir soit perdu.

Nous y serons bientôt !

VI

LA DIFFAMATION

La réputation est le bien extérieur de l'âme, comme la grâce est sa vie intime. Mais, tandis que la grâce ne se perd que par le libre assentiment de la volonté, la réputation est à la merci des langues et des oreilles d'autrui ; car notre réputation, c'est ce que les autres pensent de nous.

Les hommes cependant ont besoin de l'estime publique au degré même où ils ont besoin de la société. Le mauvais renom isole. Eût-on matériellement sous sa main de quoi se suffire, l'absence de sympathie et de confiance fait la plus intolérable des détresses.

Ravir à l'homme sa réputation est donc le priver de son bien le plus précieux, et le plus nécessaire après la grâce de Dieu. Mieux vaut la mort que l'isolement et l'infamie.

Entre les deux extrémités, un noble cœur n'hésite pas.

Il est bien entendu que nous écartons de notre pensée la mort volontaire : le suicide est toujours un crime et une lâcheté.

※
⁂

Dans le monde, on est chatouilleux à l'endroit de la réputation. Le point d'honneur semble y primer tout, et l'on tient qu'il vaut la peine d'exposer sa vie pour le tenir intact.

Ces soucis concernent la réputation propre : on est moins délicat quand celle d'autrui est en cause.

Le monde accueille avec une extrême facilité ce qui déshonore. On dirait qu'il lui en coûte de croire à la vertu, et que son ombre l'importune. Le lustre d'une vie immaculée lui semble une accusation et un reproche ; ce lui est comme un soulagement de la ternir.

Inconséquence et malice de s'attaquer à un bien que l'on proclame nécessaire et dont on se montre si jaloux !

L'honnêteté est plus soucieuse de mériter l'estime que de la garantir contre la calomnie ; et, s'il s'agit du prochain, elle ne touche au bon renom qu'avec une délicatesse scrupuleuse.

**

La calomnie est détestable : elle tue dans l'homme sa vie sociale. Ruiner la réputation par le mensonge est le fait d'une âme vile.

Cette iniquité est commune. La réparation, au contraire, est très rare. Quand on est contraint par la conscience ou par la loi à se rétracter, on croit avoir assez fait en avouant que l'on a été trompé, que l'on a été surpris ; on colore, on excuse, on justifie l'erreur par les apparences.

Ces atténuations sont d'autant plus iniques que le monde, dans sa malice, retient toujours quelque chose de ce qui fait mal penser.

Voilà pourquoi ce scélérat de Voltaire disait : « Mentez, mentez, mes amis ; il en restera toujours quelque chose. »

C'est principalement dans la réparation de l'honneur injustement flétri et du bien mal acquis, que le monde manque d'honnêteté.

L'honnêteté véritable respecte la réputation du prochain ; et, si elle s'est laissé égarer ou surprendre, elle le reconnaît et le confesse hautement.

Mais que cette franche honnêteté est rare !

***

La médisance, qui diffame par la révélation des fautes et des vices cachés, est coupable et sujette à la répression des lois.

On n'a pas le droit de ruiner publiquement la réputation d'autrui, alors même que l'on ne franchit point les limites de la vérité. Les défaillances et les turpitudes secrètes, qui tiennent à la volonté, sont plus facilement réparables que la perte de la réputation. Un repentir sincère suffit à guérir le mal, tandis que l'honneur, une fois perdu, ne se retrouve qu'à grand'peine. On avait mis de longues années de probité à se faire un renom : un coup de langue suffit à tout ruiner, peut-être pour toujours.

En général, les particuliers ne sont point constitués gardiens de la morale publique ; c'est à Dieu et aux pouvoirs réguliers que ce rôle est dévolu.

* *

Toutefois, quand des malfaiteurs publics s'attachent à propager la licence, et abusent de la confiance populaire pour accréditer l'erreur et le désordre, il est permis, il est bon, il peut être obligatoire de démasquer leurs hontes devant le public qu'ils pervertissent, et d'abattre avec la réputation imméritée dont ils jouissent l'influence funeste qu'ils exercent.

Les méchants recourent au mensonge pour le triomphe du mal ; les bons ont le droit d'user de la vérité pour le triomphe du bien. La partie est loin d'être égale, puisque le mensonge est multiple, et que la vérité est une ; la vérité ne peut faire qu'une blessure ; le mensonge en fait autant qu'il veut.

L'inégalité, néanmoins, n'est qu'apparente : l'honneur succombe plus efficacement sous des fautes réelles que par le fait d'inventions mensongères.

***

On accuse les dévots d'avoir mauvaise langue. Ce n'est pas toujours calomnie. Sous prétexte de censurer le mal et d'en gémir, il s'en rencontre qui prêtent une oreille trop attentive à la chronique scandaleuse, et dénoncent avec âcreté les défaillances et les travers d'autrui.

Le meilleur d'une religion sincère est ce que l'on prend de la miséricorde divine. Chacun en a besoin pour soi, et il ne doit en espérer que dans la mesure où il en donne.

Le monde tient rigueur pour ces intempérances et ces censures, oubliant qu'il est plus intempérant encore et plus impitoyable.

Les dévots les moins charitables ne dévoileront jamais des mécréants ce que ceux-ci inventent sur les dévots.

* *
*

De quel droit, après tout, les ennemis déclarés de la morale et de la religion prétendraient-ils à l'inviolabilité? Dans l'hypothèse où l'unique moyen d'arrêter leurs débordements serait de les démasquer, pourquoi y aurait-il crime à le faire? Ne sera-t-il jamais permis de crier au feu ou au loup, même quand l'incendie environne de ses flammes, ou que la bête fauve s'apprête à dévorer sa proie?

VII

LE MASQUE DE LA RELIGION

La Religion est digne de tout respect : cette sujétion à Dieu fait la vraie grandeur de l'homme. Quand elle est fausse et voile un visage pervers, elle est un masque d'infamie.

Laissons le prêtre de côté : nous discuterons sa part tout à l'heure. Il s'agit de ces hommes, de ces femmes qui couvrent, sous des dehors de religion et les démonstrations de la piété, des vices dégradants : la débauche, l'improbité, l'incroyance.

Le mensonge n'a rien de plus vil. Dieu, l'inviolable vérité, est pris pour complice de ces désordres secrets : il sert d'enseigne et de voile à Satan.

* *
*

Ce mépris combiné de Dieu et des hommes

monte du fond de l'abîme, et y ramène plus profondément. Il est l'œuvre de l'impiété, ou aboutit promptement à l'impiété : il est à la fois cause et effet.

De tous les vices, celui-ci atteint jusque dans leurs racines la foi et l'espérance. L'abus des choses saintes, le sacrilège, suppose ou produit fatalement le dédain de leur efficacité. Lorsque vient l'heure décisive de leur demander la vie, après qu'on y a tant de fois puisé la mort, on doit douter de sa propre sincérité, et il est bien à craindre qu'on ne demeure impénitent.

*_**

Puis, il faudrait lever le masque et avouer que, sous une apparence de religion, on n'était pas simplement honnête; confesser tout cela, non seulement à Dieu d'un cœur sincère, mais à ceux-là mêmes que l'on a le plus trompés, à ceux qui laissaient confidemment s'échapper de leurs lèvres et de leurs mains les bénédictions sacramentelles, que la perfidie transformait en anathèmes.

C'est affreusement dur, difficile, improbable.

Dieu seul, par une grâce exceptionnelle, peut empêcher que cette vie d'imposture ne s'achève et ne s'abîme dans un dernier mensonge.

* *
* *

Le châtiment sera grand, s'il égale le crime et ses conséquences.

L'hypocrite alimente les déclamations de l'impie contre la religion, et trouble par moments la foi des vrais croyants. Il est si facile à l'esprit de l'homme de prendre l'apparence pour la réalité, et la réalité pour l'apparence !

Après avoir égaré sur l'honnêteté au nom de la religion, il porte à douter de l'une et de l'autre.

Au fond, l'une et l'autre lui manquent. L'hypocrite est le contempteur de la Religion et de l'honnêteté.

VIII

L'ABUS DU POUVOIR

Tout pouvoir vient de Dieu, et sa mission est de conduire à Dieu.

Vérité oubliée, méconnue, à laquelle il faudra revenir, pour retrouver l'ordre et la stabilité. A moins d'admettre le pacte primordial de Jean-Jacques Rousseau, une absurdité colossale, aucune autorité ne peut logiquement se constituer qu'en prenant pour base l'ordre providentiel établi par Dieu.

Les suffrages populaires ne confèrent pas l'autorité ; c'est une condition qui en détermine l'exercice.

⁂

Le pouvoir qui s'érige contre Dieu est en dehors de l'ordre, et, en cela du moins, il cesse d'être honnête. Dieu inspire l'honnêteté et en est la meilleure garantie.

Autant le pouvoir humain s'émancipe de Dieu, autant il s'affaiblit. En se détachant du principe qui le sacre et le couronne, il perd sa force, son prestige, sa plus haute sanction. Les racines lui manquent : les coups de vent le renverseront.

∗ ∗
∗

L'autorité est au service des intérêts publics. Le gouvernant est pour le peuple, non le peuple pour le gouvernant. Celui-ci n'a donc pas à s'inspirer de ses avantages personnels, encore moins de ses caprices; mais des aspirations et des nécessités publiques.

Le chef temporel doit viser, sans doute, à la prospérité temporelle ; c'est là son but immédiat, mais prétendre l'atteindre sans souci de la moralité serait une erreur et une prévarication. Car, dans la pensée divine, qui donne la vraie mesure des choses, la fin temporelle n'est qu'un moyen pour atteindre la fin supérieure, une étape qui conduit au terme.

Faire ou laisser dévier du but final serait compromettre même la fin intermédiaire, et, dans tous les cas, outrager l'honnêteté.

* *
*

Le pouvoir légitime exerce son action par les lois. En dehors de la loi, il n'y a plus que la volonté personnelle et l'arbitraire. Cet arbitraire serait-il doux, et cette volonté condescendante, l'autorité perd son caractère et sa raison d'être, qui sont de procurer le bien public par des prescriptions convenables.

* *
*

La première qualité de la loi est d'être juste. La loi juste assure à chaque citoyen le libre exercice de ses droits et la sauvegarde de ses biens, impose des charges proportionnelles aux nécessités publiques, et réprime tout ce qui trouble l'ordre ou menace la sécurité.

La loi qui viole la justice ébranle l'ordre social, et, à ce double titre, enfreint l'honnêteté.

⁂

Les lois malhonnêtes ne violentent pas toutes au même degré les honnêtes gens.

Celles qui atteignent les biens matériels sont les moins injurieuses. On les subit par prudence et par force, comme on subit d'être dépouillé.

Celles qui imposent l'abstention, l'abstention d'actes bons et légitimes, sont plus odieuses. On peut néanmoins s'y conformer pour échapper aux inconvénients plus graves qui résulteraient de la répression : de deux maux, il est permis de choisir le moindre.

Celles qui exigent des actes positifs contraires à la morale ou à la religion sont absolument inacceptables. On ne peut les accomplir sans porter atteinte à sa conscience, sans devenir malhonnête.

Dans les autres lois, on laisse faire, on est passif ; ici on ferait soi-même. L'honnêteté exige que l'on s'abstienne et que l'on résiste jusqu'au sang, jusqu'au martyre.

* *
*

Si l'honnêteté fait défaut aux lois humaines, elle manque plus souvent aux hommes qui les appliquent.

Les magistrats honnêtes tempèrent par l'équité naturelle et la modération ce que les mauvaises lois ont d'excessif. Les malhonnêtes, au contraire, poussent les lois iniques à leurs dernières conséquences, et transforment en moyens d'oppression les lois les plus sages. La loi laissée à la disposition d'un homme pervers est une arme terrible entre les mains d'un furieux.

⁂

Le déni de justice est un des abus les plus insupportables du pouvoir. La raison d'être de l'homme public est d'assurer la justice. Il contracte l'obligation d'accorder à tous indistinctement la protection des lois dans les limites de son ressort. Refuser son concours, c'est retenir la justice captive dans ses mains.

Vit-on jamais, plus qu'au temps où nous sommes, épuiser contre les uns toutes les rigueurs de la légalité ; et, en faveur des autres, sommeiller toutes les lois ? Ceux-ci, libres de tout dire, de tout faire, de tout oser ; ceux-là bâillonnés, ligottés, spoliés ?

O liberté, ô égalité, ô fraternité !

⁂

C'est le propre de l'homme méchant de mettre la puissance au service des passions.

Il se croit tout permis, dès qu'il peut se promettre l'impunité. La loi est entre ses mains un glaive qu'il tire du fourreau à son gré. Elle est invoquée, quand elle offre des moyens ; elle est tournée ou voilée là où elle ferait obstacle.

L'instrument de la justice devient l'arme de l'iniquité.

* *
*

Les malhonnêtes gens devraient être écartés du pouvoir à tous les degrés de l'échelle sociale. C'est pour la cupidité, pour l'ambition, pour la licence, pour la haine, une tentation trop forte, que de pouvoir ainsi se satisfaire; le plus grand nombre y succombe.

Même avec de la bonté et un amour véritable de l'honnêteté, il arrive aux puissants de faiblir et de faillir.

Que peut-on attendre de la méchanceté et de l'improbité ?

.˙.

Les multitudes ont une tendance secrète à remettre leur destinée entre les mains d'un maître peu scrupuleux. Elles en attendent sans doute le bien-être, la licence, toutes les faveurs. Cela suffit à leur honnêteté.

IX

LA LIBRE-PENSÉE

Libre-pensée : deux mots qui hurlent de se voir accouplés.

La pensée n'est pas plus libre que la vision. On peut se détourner pour ne pas voir ; mais, ce que l'on voit, on le voit, on le voit fatalement ; et qui se dirait libre de voir ou de ne pas voir, tout en maintenant les yeux ouverts, les yeux du corps ou les yeux de l'âme, celui-là serait fou ou menteur.

Fou, il échappe à l'honnêteté, dont il n'est pas capable. Menteur, il encourt la honte décernée à ceux qui outragent sciemment la vérité.

Qu'il y a de ces fous et de ces menteurs !

* *
*

On n'est pas libre-penseur pour les choses

qui se voient et se palpent, ni pour les quantités qui se nombrent et se mesurent ; c'est seulement dans l'ordre des idées morales et des croyances religieuses.

La distinction a-t-elle un fondement plausible ?

Non certes.

Notre esprit perçoit les notions de l'ordre moral, tout comme il perçoit les axiomes mathématiques. Par leur objet, ces visions sont d'espèces différentes ; mais, en l'un et l'autre cas, il y a vision, vision fatale que l'on ne peut nier sans se mentir à soi-même. Fautive dans un cas, la vision peut l'être dans l'autre ; par conséquent, l'une donne autant de certitude que l'autre, ou l'une n'en donne pas plus que l'autre. Je ne suis pas plus libre de contester l'apparition idéale du bien, du juste, du beau, que je ne le suis de nier celle du nombre et de l'étendue. On ne saurait voir ce qui n'est pas ; et, si l'erreur est une fois admise dans une vision bien constatée, elle doit s'étendre logiquement à toutes.

⁂

En est-il de même de la Religion ?
Absolument.

La Religion, la vraie religion n'est pas une fantaisie de l'esprit. Elle repose sur des notions incontestables que la raison saisit et démontre, et sur des faits qui offrent des motifs solides de crédibilité. Une fois ces idées fondamentales établies et ces faits dûment constatés, la série des croyances qui s'imposent se déroule avec la précision de l'algèbre, quoique sous une forme différente pour l'esprit : le raisonnement a sa certitude comme les chiffres ; et, au fond, les chiffres tirent, pour nous, leur valeur du raisonnement.

⁂

Le libre-penseur est, par rapport à la Religion, dans l'une de ces deux hypothèses : il nie ce qu'il n'a jamais étudié ni approfondi, ou il renie ce qu'il connaît.

En contestant ce qu'il ignore, il fait acte de passion et de forfanterie. Devant l'inconnu, le silence et l'abstention sont seuls logiques et honnêtes.

Rejette-il ce qu'il sait avoir dans l'esprit un fondement et un témoignage : c'est un acte de révolte contre sa propre raison, et il entre en contradiction avec lui-même.

En l'une et l'autre situation, il est difficile qu'il soit en règle avec sa conscience ; car enfin, il sent qu'il nie ce qui pourrait être vrai, et qu'il affirme ce qui pourrait être faux, qu'il outrepasse ce que l'esprit lui révèle et lui garantit.

Si la morale a sa part dans ces témérités, ce ne peut être que celle de la condamnation et du reproche.

* * *

Les libres-penseurs qui reviennent au bon

sens et à la foi, conviennent pour la plupart qu'ils ne font que revenir à la sincérité ; que les railleries et les dénégations du passé n'avaient, au fond, rien de sérieux ni de convaincu ; tout au plus cherchaient-ils, avec une bonne foi chancelante, des prétextes de ne pas croire, pour n'avoir pas à pratiquer.

* * *

Il se rencontre néanmoins des honnêtes gens qui ne croient pas. Ceux-là sont généralement respectueux et tolérants. Les esprits forts qui nient à outrance et traitent les croyants de fanatiques, ne sont jamais véritablement honnêtes, et le moindre de leurs vices est souvent le fanatisme de leur impiété. C'est une excuse misérable de ce qu'ils font et de ce qu'ils ne font pas.

* * *

Il faut plaindre ceux qui ignorent ; il est difficile d'épargner le mépris à ceux qui se font de leur ignorance une arme contre la vérité ; ou qui, par une hypocrisie odieuse, raillent et outragent devant les hommes ce qu'ils proclament, au fond de leur conscience, digne de foi et de respect. Ils sont en rupture ouverte avec l'honnêteté.

X

POT-BOUILLE

Ce mot, dont le romancier du réalisme a fait le titre de son esquisse des mœurs bourgeoises, traduit la grande plaie de ce temps et de notre pays de France.

La moralité descend à vue d'œil, la corruption menace de tout envahir, la licence s'étale sur la place publique, dans la rue et jusqu'au foyer; la direction publique est entre les mains de gouvernants qui n'ont d'autre souci que de s'enrichir et de mal faire, qui gaspillent, renversent, pervertissent; et le particulier reste chez soi, insouciant des ruines publiques, du bien et du mal. Tant qu'on ne touche pas à son pot-au-feu, il garde sa placidité et son indifférence.

Pour le paysan comme pour le bourgeois, *pot-bouille, pot-bouille*, cela dit tout. Laissez-moi ma liberté, mes plaisirs, mes lucres, ma paix. La morale, la religion, la justice, il en reste assez pour moi ; quant aux autres, c'est leur affaire.

Le gouvernement qui octroie le plus de licence, ou facilite les jouissances, qui ne demande que le bulletin de vote ou des impôts habilement déguisés, ce gouvernement n'a pas à craindre les oppositions de ces prudents du siècle, fût-il le persécuteur des consciences, le contempteur de la Religion et du bien, le dissipateur de la fortune nationale, le précurseur des grands désastres.

* * *
*

Ce n'est pas que l'on se désintéresse jusque dans sa pensée et dans ses rêves de la moralité et de la prospérité publiques. Les spectacles par trop licencieux, les violences dont les autres souffrent, les lois oppressives, la perspective des résultats et des ruines, tout cela inspire de vagues inquiétudes et des réflexions mélancoliques ; mais, comme le roi débauché, on se dit : « Après moi le déluge ! — Que puis-je d'ailleurs à tout cela ? »

∗ ∗
∗

Erreur et égoïsme : vous pourriez beaucoup, et ce qui serait possible, votre devoir est de le tenter. Par ce que vous faites et par ce que vous ne faites pas, par ce que vous laissez faire sans protestation et sans indignation, vous êtes de connivence avec les corrupteurs et les concussionnaires. Ne l'oubliez pas, ces perturbateurs publics sont directement ou indirectement vos élus et vos protégés. En criant, en votant, en agissant dans le cercle de votre action, vous pourriez les contenir, les désarmer, les réduire.

Quelle est donc cette morale qui permet de laisser faire le mal, alors même qu'on pourrait efficacement l'empêcher ?

⁂

Vantez votre intégrité personnelle, faites ostentation de respect pour la religion et la vertu ; un fait est certain : c'est que, par vos lâches abstentions, l'honnêteté succombe. *Pot-bouille, pot-bouille,* est le qualificatif qui vous convient et vous accuse : il révèle ce qui vous inspire et ce que vous voulez, ce que vous pratiquez et ce que vous autorisez.

Se désintéresser de l'honnêteté, c'est une façon de la trahir. Honnête avant tout, vous seriez moins résigné et moins endurant.

XI

LES INCONSÉQUENCES

La logique complète, persévérante, inflexible est rare chez l'homme. Il faiblit souvent dans le bien ; et, par bonheur, il lui arrive aussi de se dédire dans le mal.

Les variations se font tour à tour au profit et au détriment de l'honnêteté.

Les meilleurs ont des surprises et des absences. Les plus perdus ont des retours soudains et comme des ressouvenirs de l'honneur, des exceptions illogiques et vertueuses.

Les principes généraux englobent tout d'une façon inexorable. Bons, ils édifient, ils redressent, ils impriment la noble fixité de la vertu. Erronés, ils vont à l'égarement, à la perversion totale.

Les inconséquents dérangent ou tempèrent

ce mouvement rationnel, suspendant les applications en tel cas, devant telle personne, avec plus d'insouciance que de réflexion, au gré des impressions, du caprice, de l'intérêt, des habitudes, des relations.

**
*

Quand il s'agit du bien, c'est aussi la conscience qui se réveille, qui commande, qui parle plus haut que la passion ; et l'on cède à ce dictamen intérieur.

Heureuses incohérences ! Elles sont comme la réapparition de l'honnêteté dans le secret de l'âme. Renouvelées, multipliées, envahissantes, elles relèvent, elles ramènent au bien, à l'ordre, au respect de soi-même et des autres.

Il faut y chercher le point d'appui d'une réaction salutaire. Ce bien qui survit ou réapparaît est le germe de la vertu et de l'honneur. Réchauffé, il peut s'épanouir en de nouvelles éclosions, monter, s'étendre et re-

XI. LES INCONSÉQUENCES

constituer la tige dans sa beauté et sa fécondité premières.

※

L'inverse, l'inconséquence au profit du mal, est moins rare.

Notre monde humain, est-ce autre chose qu'une succession incohérente de pensées, de paroles, de tendances, d'actes d'où la logique est absente ; une mise en scène mouvante et contradictoire ?

Les hommes qui se suivent et dont la vie morale ne présente aucune solution de continuité, se comptent. Ceux qui fléchissent, s'interrompent, se contredisent, sont partout.

※

Ces contradictions, ces défaillances, ces hiatus qui déconcertent la raison, nous en avons, plus que jamais sous les yeux, le spectacle écœurant.

On exalte la morale, parfois avec une sorte

de puritanisme; mais sur tel point, on la viole ouvertement et sans apparence de remords.

On se dit chrétien et catholique; et l'on transgresse tranquillement les lois les plus formelles de l'Eglise, on met en question les dogmes les plus fondamentaux.

On prend en pitié les mécréants; et on les introduit sous son toit, on les épouse.

On veut et l'on maintient chez soi les pratiques chrétiennes, les sévérités de l'éducation religieuse; et, dans la vie publique, on répudie la foi, on traque le prêtre, on poursuit les moines, on travaille à éteindre l'enseignement catholique.

On est religieux jusqu'à la dévotion, et mondain jusqu'au scandale.

On gémit des ravages occasionnés par la presse dévergondée, les mauvais livres, les spectacles publics; et l'on reçoit, on dévore, on patronne peut-être les publications légères, impies, pornographiques, les livres troublants; on se fait un passe-temps des réunions extra-mondaines, des représentations licencieuses, des exhibitions immorales.

On se déclare contre les corrupteurs publics; et néanmoins on les hante, on leur ouvre sa maison, on leur accorde des privautés et des honneurs.

On déblatère contre un régime que l'on juge détestable et contre les hommes qui le représentent; et, secrètement, ou même en certaines rencontres à découvert, on concourt aux acclamations et l'on quémande sa part de faveurs.

On se plaint des gouvernants, et on leur donne son suffrage.

Ces palinodies sont innombrables, et dans tous les genres : il faut renoncer à les énumérer et à les décrire.

*_**

Ces inconséquences individuelles, à force d'être répétées, deviennent générales. Mais il

8.

en est qui, de leur nature, sont publiques; et, par ce caractère, visent plus haut et s'étendent plus loin, sont plus irrationnelles et plus odieuses.

Partout, aujourd'hui, on inscrit, on proclame, on chante la devise immortelle de la Révolution :

LIBERTÉ, ÉGALITÉ, FRATERNITÉ.

Grande formule, qui fait tressaillir l'honnêteté.

Est-ce une réalité, ou bien une enseigne illusoire ?

Est-ce un règne nouveau, plein de promesses sincères, ou sont-ce des mots creux pour tromper les multitudes ?

* *
*

La Liberté : nom béni, douce chose, le grand bienfait de Dieu à l'homme !

La liberté du bien, la liberté de sa foi, de sa conscience, de son dévouement.

XI. LES INCONSÉQUENCES

La liberté de sauver son âme, d'organiser et de conduire sa vie sur cette terre en regardant le ciel.

La liberté d'élever ses enfants dans le respect du passé et les traditions de l'honneur, dans la crainte et l'amour de Dieu, honnêtement, chrétiennement.

La liberté de consacrer sa fortune, de son vivant ou après sa mort, au soulagement, à l'instruction, à la préservation des pauvres, à la réhabilitation des faillis, à l'édification des âmes.

La liberté de se vouer, par amour pour Dieu et pour mieux servir le prochain, à la continence, à la pauvreté, au renoncement.

La liberté publique du culte chrétien; la liberté, au moins autant de liberté pour les croyants et les prêtres du Christ, que pour les sectaires qui l'outragent.

La liberté en France, autant de liberté pour les trente-six millions de catholiques, que pour les cinquante mille juifs et les quatre-vingt mille individus déclarés sans religion.

* *
*

Hypocrisie du libéralisme !

Au nom de la liberté de conscience, Dieu est banni de l'Ecole; son nom est rayé des livres classiques; il est interdit de produire dans les rues et les places publiques, à l'air et au soleil, le Dieu de l'Eucharistie.

Dans le temple, on a encore la liberté des mouvements : on n'a plus celle de la parole.

Au nom de la liberté, on ajoute tous les jours au réseau des lois oppressives.

La liberté ! Il n'y en aura plus bientôt sur les chemins et jusque sous le toit de la famille que pour le mécréant, le juif et le voyou.

La liberté ! ce n'est plus qu'une guitare dont on joue pour étouffer la plainte et accoutumer à la servitude.

O Liberté, que de crimes on commet en ton nom !

**
*

L'Egalité !

Quelle est cette égalité? — Evidemment, ce n'est pas celle de la taille, de l'âge, de la force, de l'intelligence, de la santé, de la fortune même. En toutes ces choses, et en bien d'autres, l'inégalité est flagrante, impérieuse, inéluctable.

Il s'agit de l'égalité devant la loi, du libre accès aux fonctions publiques, de la protection impartiale dans la vie publique et privée, quelles que soient les opinions, les préférences, la foi religieuse.

Cette égalité, l'avons-nous ?

N'a-t-on pas institué des tribunaux de circonstance ?

N'a-t-on pas créé une magistrature nouvelle, plus préoccupée de la forme gouvernementale et des opinions politiques que du Code Napoléon ?

N'a-t-on pas édicté des lois d'exception ?

N'a-t-on pas violé la proportion et l'équité dans l'impôt?

N'a-t-on pas mis hors la loi, par la loi, des catégories de citoyens ?

N'affiche-t-on pas tout un programme de restrictions, d'exclusions, de pénalités qui rendront, moralement et matériellement, la vie impossible à ceux qui ont le souci de servir Dieu?

Le Parlement, les ministres, les administrations préfectorales, municipales, universitaires et autres, tiennent-ils la balance égale entre tous les citoyens?

Inégalité devant la loi, inégalité par la loi, inégalité par le fait de l'homme : qu'importe! C'est toujours l'inégalité, l'inégalité odieuse, malhonnête.

* *
*

Y a-t-il place, après cela, pour la Fraternité?

Oui ; au lieu d'une, il y en a deux : la fraternité des forts et la fraternité des faibles, la fraternité des oppresseurs et la fraternité des victimes, la fraternité des concussionnaires et la fraternité des dupes, la fraternité des jouisseurs et la fraternité des malheureux qui, pour les gorger, travaillent, suent et boivent leurs larmes.

Une fraternité, c'est la paix; deux, c'est la guerre. — C'est là que nous en sommes !

* * *

LIBERTÉ, ÉGALITÉ FRATERNITÉ.

Enseigne mensongère, railleuse, irritante.

Persiflage amer, plutôt qu'un appel à la confiance, au rapprochement, à la concorde.

Ce serait là, en y joignant le *sang impur* de la MARSEILLAISE, la République à laquelle nous serions tous conviés ?

Tartuferie opportuniste, maçonnique, soit.

République, la République vraie, logique, loyale ?

Ah ! non !

Les honnêtes gens la rêvent tout autre.

* *

De bonne foi, est-ce la République qui est en cause ici?

Nous reconnaissons, avec la résignation, ou pour mieux dire, avec l'ampleur de l'Eglise, les pouvoirs établis, quelle que soit leur forme, et sans discuter même leur origine et leur excellence respective. Nous sommes en république ; nous acceptons la république, d'autant plus sincèrement que, dans sa forme théorique et idéale, ce régime n'a rien qui puisse effaroucher.

Mais, tout en admettant le principe et précisément parce que nous l'admettons, nous avons le droit de protester contre les applications illogiques et odieuses dirigées contre nous. En République tant qu'on voudra, mais la république telle qu'on nous la fait en France, telle qu'elle s'affirme et se pratique; la république franc-maçonnique et juive, révant et poursuivant l'extinction de la foi et de la vie chrétiennes, l'avilissement du sacerdoce, l'assujétissement de l'Eglise en attendant sa suppression radicale : accepter cette République-là, serait, de la part des catholiques et de leurs prêtres, non pas seulement de la niaiserie, mais une apostasie véritable.

Non, encore un coup, ce n'est pas la République dans sa forme générale que nous combattons ; c'est la république athée, anti-religieuse et anti-catholique, hypocritement oppressive au nom de la liberté. Dans les mêmes conditions, nous combattrions également la monarchie, l'empire, n'importe quel régime ; non pour provoquer une autre forme de gouvernement, mais pour réclamer le droit à la vie et à la liberté.

Si, dans cette lutte, la forme républicaine succombe, ce sera par la faute de ceux qui l'auront rendue odieuse, inacceptable. Nous avons le droit de vivre ; et, puisqu'entre nous, catholiques, et cette République faussée et oppressive, on déclare qu'il n'y a pas d'accord et de compatibilité possibles ; qu'en conclure, sinon que c'est entre nous et elle une question de vie ou de mort? C'est du moins la guerre, la guerre à outrance.

La paix, dans la loyauté et la justice, serait de beaucoup préférable pour les uns et pour les autres. Dans la situation qui nous est faite, nous, nous ne pouvons pactiser qu'en sacrifiant notre foi : ce sacrifice, nous ne le ferons pas.

Qu'on nous rende la République habitable; qu'on nous la fasse logique, sincère, honnête ; et l'on verra alors si jamais elle a rencontré des adhérents plus sympathiques, des serviteurs plus dévoués que les prêtres et les catholiques de France.

**

Ce rêve se réalisera-t-il jamais?

Dieu le sait.

Quoi qu'il advienne, l'histoire, l'histoire impartiale et honnête, aura quelques raisons d'être sévère pour le présent.

XI. LES INCONSÉQUENCES

Arriver au cri de Vive la Liberté! avec la prétention de représenter, de personnifier la liberté; et, une fois les maîtres, rationner, mutiler, étrangler la liberté; n'en prendre que pour soi, et s'en servir contre les autres : c'est une inconséquence qui relève, non pas seulement de la logique, mais aussi et surtout de la morale.

Professer en théorie et à grand retentissement, l'égalité absolue de tous les citoyens devant la loi et dans la vie publique; puis, en pratique, faire des distinctions et des catégories; dispenser la justice aux uns avec rigueur, aux autres avec indulgence; légiférer au gré des sympathies et des antipathies : autre palinodie que l'honnêteté réprouve.

Promettre la sécurité et la paix dans la liberté et l'égalité, et multiplier ensuite les ferments de discorde; assujétir les majorités résignées à des minorités turbulentes et intolérantes : ce n'est pas seulement imprudent, insensé; c'est surtout tyrannique et malhonnête.

*
**

Un axiome de l'Ecole résume et qualifie les inconséquences, d'où qu'elles viennent : *Bonum ex integra causa ; malum ex quocumque defectu ;* le bien exige l'intégralité ; un seul défaut introduit dans l'ordre du mal.

Un seul point retranché, omis, empêche l'intégralité : quand une partie manque, le tout n'existe plus.

Intègre, entier, complet sont synonymes.

Être honnête et être intègre, c'est tout un ; n'être pas intègre équivaut à n'être pas honnête.

L'honnête homme est tout d'une pièce.

Les inconséquences qui vont au mal compromettent donc l'honnêteté dans la proportion de l'intégrité qu'elles sacrifient ; et celles qui remontent vers le bien tendent, dans la même mesure, à la rétablir.

CHAPITRE IV

LES VIOLATEURS DE L'HONNÊTETÉ

L'honnêteté impose à chaque fonction ses exigences propres, sanctionnées par les mœurs et par les lois. Leur violation entraîne une déchéance dans l'opinion publique et expose aux sévérités de la justice, sans parler de la conscience, qui est le premier tribunal devant lequel l'honnêteté cite et condamne ses violateurs.

Parcourons ces diverses responsabilités pour faire à chacun sa part.

I

LE PRÊTRE

Par ordre de dignité, le prêtre apparaît le premier parmi les hommes publics dont on attend les délicatesses de l'honnêteté.

Il est même difficile au prêtre de n'être qu'honnête homme : il sera plus, ou il sera moins.

L'honnêteté, c'est l'intégrité de la morale naturelle, et le prêtre doit y joindre les délicatesses de la perfection et de l'édification chrétienne.

Il incarne en lui la religion, et autant la religion est au-dessus des prescriptions rationnelles, autant le prêtre doit être au-dessus de l'honnête homme ; ou, si l'on veut, la religion est la fleur de l'honnêteté : le prêtre est tenu de présenter en sa personne le type de l'honnête homme, en prenant cette obligation de son caractère et de la place qu'il occupe dans l'ordre religieux. Par ce qu'il a promis à Dieu, il s'est détaché de la condition commune, et c'est son devoir, comme son honneur, de planer au-dessus.

*
* *

Le prêtre qui oublie et fait oublier son sacerdoce, descend toujours au-dessous de l'honnête homme. Il manque à ses serments les plus sacrés; et, dans la déloyauté dont il se rend coupable envers Dieu, il livre la mesure de celle qu'il donnera aux hommes.

Voilà pourquoi les mondains eux-mêmes, qui font tout pour tenter le prêtre, le méprisent dès qu'il s'est rendu. A leurs yeux, c'est un être irrémédiablement déshonoré.

Vainement, il affecte de se remettre au niveau commun : il lui est impossible de redevenir homme sans sombrer plus bas. Il faut qu'il soit prêtre, ou il sera moins qu'un homme.

※

Un peu de réflexion explique cette déchéance profonde.

Le prêtre garde-t-il encore les fonctions sacerdotales? Sa charge l'oblige à prêcher les vérités saintes, à exhorter à la prière, à la piété, à la pénitence.

Exercer ce sublime ministère sans y croire, c'est une hideuse hypocrisie. Ne pas s'en acquitter en retenant le titre et les émoluments, serait une autre improbité. En l'un et l'autre cas, il tue la religion ou l'amoindrit considérablement dans l'esprit des peuples: œuvre détestable réprouvée par la plus vulgaire honnêteté.

S'il abandonne ouvertement ses fonctions, il ne compte plus sans doute pour le sacerdoce. Mais on ne dépouille pas le sacerdoce aussi aisément que l'habit qui lui sert d'insigne. Même aux yeux des hommes, il imprime une marque indélébile d'honneur ou d'ignominie, selon que l'on est fidèle ou prévaricateur. Entre Dieu et le prêtre, il existe un lien indissoluble ; le seul effort pour le rompre, est une infraction aux lois de l'honneur.

⁂

Pourquoi, d'ailleurs, quelques prêtres brisent-ils ces liens, ou tentent-ils cette rupture ? C'est, presque toujours, pour les remplacer par des chaînes honteuses ; ou plutôt, lorsque ces malheureux se déclarent, ils sont déjà les captifs de la honte.

Dans ces ruines, il ne faut pas chercher d'autre excuse que l'humaine fragilité, dont il n'a pas plu à Dieu de préserver ses ministres. Il n'y a qu'à pousser les exclamations de Bossuet : O misère, ô infirmité, ô corruption de l'homme !

⁂

On reproche à certains prêtres, et non sans fondement, l'indélicatesse des procédés, des actes, des paroles. Sans descendre aux abdications complètes, ils s'engagent parfois dans des chemins qui ne sont pas ceux de l'honneur.

Ces accusations sont souvent gratuites, exagérées, imaginées ou envenimées par la malveillance. En les supposant fondées, que prouvent-elles, sinon ce que nous accordions, que le prêtre est homme, et que tout homme est faillible : *Omnis homo mendax?*

Seulement, il doit être entendu et reconnu entre tous que, si jamais le prêtre est déloyal, c'est sans doute parce qu'il oublie les lois de l'honnêteté ; mais encore, et surtout, parce qu'il est infidèle à son sacerdoce ; s'il n'est pas suffisamment honnête, la cause ne vient pas de ce qu'il est prêtre, mais bien plutôt de ce qu'il né l'est pas assez.

* *
*

La chute des prêtres est un grand scandale pour le monde et pour les faibles.

A considérer la grandeur du sacerdoce, et aussi les précautions que prend l'Église dans le choix et la formation de ses ministres, il y a lieu de s'étonner et de gémir sur l'humaine faiblesse.

Cependant, si l'on réfléchit sur la grandeur même de cette misère et sur les perfides excitations du dehors, on tiendra pour une sorte de miracle la fidélité et la persévérance, je ne dis pas du plus grand nombre, mais de la masse, de presque la totalité.

⁂

Les haines accumulées sur le prêtre sont celles-là mêmes qui pèsent sur l'honnêteté; elles font la gloire du prêtre. On vise le prêtre pour atteindre la Religion; et l'on rêve de détruire la Religion, pour supprimer la morale. Là, est l'unique raison et la seule logique de ce cri sauvage : *Le Cléricalisme,* c'est-à-dire le prêtre, *voilà l'ennemi.*

***

Le plus navrant de cette guerre inique est que le prêtre a été livré sans défense, presque sans combat, à peu d'exceptions près, par ceux qui avaient mission de le défendre. Quiconque, parmi ces légions sacerdotales, a laissé transpirer, je ne dis pas des velléités de révolte et de résistance, mais quelques plaintes, des regrets légitimes, des espérances inoffensives, a été bâillonné, affamé, broyé par le faux maître, qui, en le dépouillant, le traitait ironiquement de salarié. Et, trop souvent, le vrai maître, celui dont la victime baisait la main avec vénération et soumission, l'a laissé exécuter sans émettre un cri, une protestation, un acte quelconque. Combien sont tombés, invoquant une protection qui n'est pas venue ou est demeurée platonique, impuissante ; comme le chien fidèle, accablé par le voleur, cherche des yeux le maître qu'il a servi et défendu.

**
*

Il y eut un temps où l'on rêva d'insurger le clergé subalterne contre la hiérarchie. Depuis, la pression en sens inverse a été jugée plus facile et plus efficace. Abusant des prérogatives du Concordat, des gouvernants qui prennent le mot d'ordre de la satanique franc-maçonnerie, choisissent et imposent pour les hautes fonctions des hommes assez ambitieux pour tout promettre afin d'arriver, et assez faibles ensuite pour tout permettre au nom et par amour de la paix.

Qui ne le sait? Parmi les nouveaux promus, on en soupçonne de s'être soumis, pour entrer, à des stipulations de silence à l'égard des oppresseurs, et de sévérité envers les opprimés, de résignation au mal accompli.

La simonie, l'immonde simonie, éternellement en horreur dans l'Eglise de Dieu, serait flagrante ici; ce serait en outre le comble de la malhonnêteté et de l'infamie.

Il n'est permis de croire à de telles forfaitures qu'avec preuves.

Nos réserves ne concernent que les engagements pris par les agréés et les candidats. Quant aux propositions et aux exigences des offrants, il ne saurait y avoir de doute.

* * *

Quoi qu'il en soit, l'histoire enregistrera avec étonnement et tristesse ce contraste de l'oppression brutale et douloureuse des petits, et de la paix relative des grands.

Ah! si nous avions marché de concert, nous aurions soulevé le monde!

II

LE JUGE

Le juge doit la justice. C'est là sa fonction, son droit, son devoir, sa raison d'être.

Homme, il peut se tromper, et il se trompe plus d'une fois ; il peut être trompé, et on le trompe souvent.

Homme encore, il peut faiblir sciemment, il peut étouffer le cri de sa conscience, absoudre le criminel et condamner l'innocent, vendre ses arrêts, s'asservir à des injonctions d'où dépendent son titre, son ambition, sa tranquillité.

S'il s'abuse avec bonne foi, ou s'il est victime du mensonge, le juge est à plaindre, et il commande encore le respect.

Fidèle à la justice, incarnant et personnifiant la justice, il fait à son front une auréole d'honneur, la plus glorieuse en ce monde après l'auréole sacerdotale.

Lorsque, de science certaine et avec plein assentiment, il viole la justice, c'est le dernier des misérables, et il est digne de tous les mépris.

**

Au juge qui honore et aime la justice, il ne suffit pas d'abriter ses décrets derrière les chicanes; il n'a de repos qu'il n'ait dégagé la vérité et le droit des contestations et des témoignages, des broussailles de la procédure, et qu'il n'ait trouvé la loi qui répond à l'équité.

Le juge le plus inique est celui qui sait exhumer et imposer des textes contre la vérité et contre le droit.

Traînés à la barre des tribunaux, c'est à peine si les hommes rompus aux complications judiciaires suffisent à se défendre contre le parti pris de les condamner.

Que voulez-vous que fassent le pauvre, l'ignorant, le malheureux qui n'a que son droit et son innocence, contre des adversaires puissants, rusés, menteurs, qui préviennent, et, au besoin, corrompent le juge?

Il est perdu; et, contre ce juge abject, il n'aura d'autre recours que le mépris, la haine et les malédictions; de son cœur ulcéré montera à ses lèvres, comme un hoquet d'indignation, ce mot vengeur, dernière expression de la colère et du mépris : Canaille!

Ce doit être un écho lugubre dans la conscience du juge, si, en de tels juges, la conscience subsiste encore.

⁎⁎⁎

Sans doute, d'un juge, on peut en appeler à un autre, et c'est l'honneur de la haute magistrature de mieux connaître le droit et de planer, par son indépendance, au-dessus des passions mesquines, qui aveuglent le juge subalterne.

Peut-on se promettre toujours cette haute impartialité? Ne se rencontre-t-il pas jusqu'au sommet de la hiérarchie des magistrats qui confinent par l'intérêt et l'ambition aux couches inférieures, et qui, de cette bassesse, font monter les préventions, les chicanes et les témoignages suspects?

Les malhonnêtes gens sont remuants et se glissent partout à la façon des reptiles. Les braves gens restent inactifs, et la seule inculpation les atterre.

Et puis, pour passer d'un tribunal à un autre, il faut des ressources qui manquent à beaucoup.

Contre le juge ignorant ou prévaricateur, il ne reste donc le plus souvent qu'à courber la tête, et à maudire.

*_**

Si la loi est formelle, mais inique, que fera le juge?

Avec le sentiment de la justice et de l'honneur, il n'hésitera pas : il secouera sa toque et ses sandales, et sortira, la tête haute, d'un prétoire avili.

Pour être honnête, il faut parfois être héroïque ; et, à moins d'être héroïque, on n'est pas honnête.

Ce que le Sauveur disait de la virginité de la chair est peut-être plus vrai encore de la virginité de la justice : *Non omnes capiunt verbum istud… Qui potest capere, capiat* (1).

**

A côté de la magistrature assise, figure la magistrature debout.

La première personnifie la justice ; le seconde lui sert de sentinelle et de gardienne.

Requérir contre les perturbateurs la juste application des lois est un acte de haute moralité et d'indispensable sécurité publique.

A une condition pourtant : que l'on tiendra

---

(1). *Matth.*, XIX, 11 et 12.

dans sa main, inflexible, la juste balance ; que l'on ne s'inspirera que de la loi, non des opinions et des personnes, non de l'intérêt ou de la passion.

Poursuivre les uns sur de simples apparences, et fermer les yeux sur les méfaits réels des autres ; étouffer les cris de la victime contre le malfaiteur, quand celui-ci est grand ou utile, et celle-là antipathique et désarmée, c'est avilir la loi et fausser la justice ; ce n'est plus une fonction, mais plutôt une prostitution : la prostitution de la loi et de la justice aux convoitises de la haine, de l'ambition, de l'argent.

Quand ces exploits sont requis par les maîtres, ceux qui les exécutent, que sont-ils, sinon des valets ?

Dans les tribunaux flétris, le rôle de l'accusateur public apparaît aussi odieux, plus odieux parfois que celui du juge complaisant. L'un est le bourreau, l'autre le pourvoyeur. L'histoire les accole dans la même infamie.

Gens honorés, tant qu'on voudra et par qui voudra.

Gens honnêtes, honorables : Nenni !

⁂

L'indépendance est nécessaire aux arrêts de la conscience et des tribunaux. Voilà pourquoi le juge et ses aides devraient être à l'abri des fluctuations de la politique.

Les gouvernements qui mettent la main sur eux et en font des valets attentent à leur considération. Ils commettent un crime qui appelle un châtiment, et une imprudence qui les expose à des contre-coups mortels.

⁂

Quand la justice légale ne relève plus de la conscience, elle descend au-dessous d'elle-même, elle flotte au gré des impulsions et des convoitises ; elle finit, si cette abjection se prolonge, par n'être plus qu'un brigandage, *latrocinium*.

Le mot est dur. Je l'emprunte à saint-

Augustin : *Remota itaque justitia, quid sunt regna nisi latrocinia? quia et ipsa latrocinia, quid sunt, nisi parva regna?* (1) — Ce qui veut dire : « Sans la justice, que sont les gouvernements, sinon de grands brigandages ; tout ainsi que les brigandages ne sont que de petits gouvernements? »

(1) *Civ. Dei*, l. IV, c. IV.

III

LE MAITRE D'ÉCOLE

Autrefois l'École embrassait le haut enseignement, et les Écoles, le petit.

L'honnêteté a beaucoup à se plaindre aujourd'hui de l'un et de l'autre.

Parlons du petit d'abord : c'est la question du jour.

* * *

Un pays qui a le noble souci de l'avenir choisit les maîtres de l'enfance pour lui inculquer les idées qui feront des hommes.

Quand on veut pervertir les générations, on invente des maîtres d'école corrupteurs.

Notre siècle aura vu en cet ordre des audaces et des scélératesses à nulle autre pareilles.

L'école, qui est par destination le lieu où se fait l'éclosion de l'honnêteté par le travail de l'éducation, est devenu le foyer de la révolte morale, de l'incroyance, des négations insolentes, des silences perfides.

Selon la parole de l'Ecriture (1), qui sème du vent recueillera des tempêtes. On le verra un jour.

* *
*

On parle de neutralité, et, cette neutralité, on l'entend de l'exclusion systématique de toute influence religieuse. Des écoles neutres, cela veut dire des écoles sans religion et sans Dieu.

Ainsi, ce que l'on veut, c'est former l'enfant en dehors de Dieu et de la Religion.

On élève à la hauteur d'un dogme les devoirs envers l'Etat. Mais Dieu est supprimé; on ne lui doit rien, on peut le traiter de chimère, d'absurdité, et néanmoins être un bon et parfait citoyen.

La loi et l'ordre public paraissent suffisamment assurés par la conscience : comme si la conscience, en dehors de Dieu,

---

(1) *Os.*, VIII, 7 : **Ventum seminabunt, et turbinem metent.**

pouvait avoir un sens, une sanction.

Dieu supprimé, il ne reste que la force brutale et l'intérêt. Toute la morale est là.

**

La morale d'ailleurs, dans les nouveaux programmes scolaires, est chose secondaire ; la science prime tout.

Ici, l'impertinent le dispute au grotesque. On affecte de parler de science, lorsqu'il s'agit de l'instruction rudimentaire. Ces instituteurs, la plupart sans vraie culture intellectuelle, ne possédant bien que la partie technique d'un enseignement initial ; renfermant toutes leurs humanités dans la grammaire ; poussant les procédés du calcul et de l'algèbre jusqu'à la petite tenue des livres, et les déductions géométriques, jamais au delà des simples applications de l'arpentage ; à peine capables, pour la plupart, de tenter la première opération chimique, d'analyser une fleur, de construire ou seulement de raisonner un almanach ; ne sachant de l'histoire qu'une série de dates et de faits ; nuls en littérature, en philosophie, en logique, en morale, en politique raisonnée : voilà les hommes que l'on proclame les représentants de la science populaire, comme si, d'ailleurs, la science pouvait jamais devenir populaire.

Eux-mêmes prennent leur titre fort au sérieux, et l'on en voit, à ne plus les compter, qui toisent avec le sourire du dédain les curés de village, dont le plus humble a dû régulièrement en apprendre, et en sait dix fois plus qu'eux.

Si jamais les maîtres d'école ont mérité le titre de pédants, il leur est dû aujourd'hui par droit de conquête.

* * *

Un des leurs vient de tracer un tableau foncé des mœurs faciles et de la tenue scolaire du nouvel instituteur. C'est une lecture scabreuse, horripilante (1).

(1) *L'Instituteur*, par M. Théod. Cuèze, chez Savine, 1891.

L'auteur, dit un critique (1) favorable à tout ce qui est antichrétien, « fait de notre enseignement primaire un tableau vraiment effroyable. Il est clair que tout cela est massif. On sent pourtant dans ces peintures amères un fond de vérité. Il a vu sans doute avec des yeux prévenus, avec une imagination grossissante, mais il a vu. On n'invente pas ces choses-là. »

Non, on n'invente pas ces choses-là; et, vraies seulement à demi, elles restent encore effroyables.

* *
*

Soyons justes. Il en est beaucoup dans le nombre, de méritants et de modestes, sachant ce qu'ils enseignent et enseignant bien, qui réagissent par leur honnêteté contre la perversité des programmes.

Vanter leur modération, c'est les compromettre. On demande qu'ils soient négateurs,

(2). FRANCISQUE SARCEY, Art. du *Parti national*.

agressifs, turbulents ; et, quelle que soit leur médiocrité, qu'ils exaltent la science au détriment de la Religion.

⁎ ⁎
⁎

L'auraient-ils cette science, qu'ils ne sauraient la transmettre.

On a voulu trop apprendre à l'enfant. Il succombe sous le faix dont on le charge ; et il ne sait, ni plus ni mieux que ses devanciers, ce qu'il lui importe de savoir, en mettant même de côté l'élément religieux, le plus nécessaire de tous. Sait-il mieux lire et écrire qu'on ne savait autrefois ? Sait-il plus de grammaire, d'orthographe, de calcul ?

Vous l'affirmez, et le croyez : ce que nous voyons de nos yeux et constatons de nos oreilles n'en fait pas la preuve.

⁎ ⁎
⁎

Il y a lieu de le craindre : ce que l'enfant retiendra le mieux, c'est ce que l'on passe sous silence avec affectation ; ce que l'on élimine de l'enseignement comme superflu, problématique, indigne de l'indépendance et de la raison de l'homme, à savoir : Dieu, la Religion, les dogmes chrétiens, la morale évangélique.

On n'en fera jamais un savant entre les mains d'un instituteur; mais on ne réussira que trop à en faire un incroyant et un athée.

*_**

S'il leur reste quelque droiture d'esprit et quelque émotion de conscience, les éducateurs nouveaux doivent s'avouer à eux-mêmes que, en se prêtant à ce plan de démoralisation et de déchristianisation, ils font une triste besogne, et que, de ce chef, ils sont de malhonnêtes gens.

Prêcher le mal est une œuvre détestable; mais se faire l'apôtre du mal auprès des enfants est un crime énorme, qui appelle toutes les hontes et tous les châtiments.

*_**

La perversion de l'homme par l'école est

criminelle; la corruption préméditée de la jeune fille est hideuse.

Des institutrices laïques chrétiennes, pieuses même, il y en a encore; mais elles gênent et alarment l'Université. *L'Alma mater* moderne leur préfère les *viragos*, les modèles de mondanité tapageuse, les postulantes pressées de la vie conjugale. Libre à elles d'être ce qu'elles voudront, tout ce qui leur plaira — tout, entendez bien! — pourvu qu'elles se gardent de la dévotion. Des dévotes, à peine si l'on en tolère quelques-unes pour calmer des populations arriérées et réactionnaires, qui pourraient se révolter à l'heure des scrutins; l'ensemble doit emboîter le pas à la suite des instituteurs.

Elles doivent surtout s'affranchir de l'influence cléricale, sous peine d'encourir des disgrâces. Qu'une de ces braves filles, dévote ou non, mais suffisamment chrétienne pour fréquenter l'église, se passe l'innocente fantaisie d'y faire entendre sa voix : l'inspecteur régional lui décochera une note sèche et menaçante. Qu'elle chante, au contraire, là où elle ne devrait point aller, qu'elle ouvre tous les bals du pays, qu'elle se fasse coureuse : elle sera patronnée et y gagnera des médailles.

Malgré tout, le grand nombre reste bon. Elles sont néanmoins trop multipliées celles qu'entraînent le souci de la faveur et l'attraction du plaisir. En enseignant le B A BA, beaucoup s'amusent, scandalisent, inaugurent le régime tant prôné, de la femme libre. On ferait un joli roman avec les aventures galantes, les mariages conclus et manqués, les ménages troublés de ce monde universitaire.

Somme toute, il y a lieu pour l'incrédulité d'être fière des résultats ; l'arbre planté de ses mains donne déjà des fruits, et il promet pleine abondance pour l'avenir.

* * *

La pédagogie exercée au nom de l'Etat dans les écoles primaires est détestable.

Est-elle plus rassurante aux degrés supérieurs ?

La réputation de nos lycées est faite.

Les études littéraires et scientifiques y sont conduites par un corps de professeurs qui ont dû satisfaire à des épreuves publiques, et dont l'expérience en leur noble et rude labeur, accroît naturellement leur habileté.

En cet enseignement néanmoins, on altère tout ce qui est susceptible de l'être. L'histoire et la philosophie sont le champ où l'on introduit, sous forme de faits et d'interprétations, les nuages qui défigurent le rôle de l'Eglise et obscurcissent la foi chrétienne ; où l'on présente l'apologie des hommes, des idées et des événements les plus contraires à la Religion.

Ajoutons que beaucoup de professeurs affectent l'incroyance devant leurs élèves, et que, même en faisant du grec et des mathématiques, ils trouvent moyen de scandaliser. Il en est qui portent ce prurit de l'impiété jusqu'au cynisme.

Les jeunes gens soucieux de demeurer chrétiens, ont à se méfier de ces insinuations, et à se dégager principalement des leçons d'histoire et de philosophie qu'on leur dispense dans les collèges universitaires.

Ils trouvent, sans doute, un antidote dans l'enseignement religieux, provisoirement maintenu avec cette concession faite aux enfants libres-penseurs d'en être dispensés sur la demande des parents. Mais, à cet âge, la négation qui supprime les devoirs et élargit l'horizon de la liberté, est toujours plus attrayante que la vérité austère et calme, ennemie des passions.

* * *

D'autres périls, plus immédiats, menacent cette jeunesse et alarment l'honnêteté.

La préservation morale, disons le mot, la chasteté est moralement impossible dans nos lycées. Ce n'est pas, nous en convenons, la faute des règlements : ils sont, en apparence, prévoyants et rigoureux. Mais cette discipline, purement matérielle, n'atteint pas les âmes, ni même le secret des conversations.

Je n'apprends rien à personne en affirmant que les entretiens ordinaires de ces jeunes gens de douze à dix-huit ans, sont dévergondés, et qu'il en résulte des obsessions et des ébranlements déplorables. Trois jours passés entre ces murs, avec des compagnons jusquelà inconnus, suffisent à déchirer les voiles de la vie passionnelle, moins, si l'on veut, par ce que l'on voit que par ce que l'on est forcé d'entendre.

En de tels milieux, l'éveil prématuré des passions est inévitable, et jette le trouble, coup sur coup, dans l'imagination, dans les sens, dans la conscience. Souvent, il y en a là pour la vie ; c'est le début de ces mœurs bourgeoises dont Zola s'est chargé de décrire le tableau.

Ainsi, l'instruction serait-elle orthodoxe,

irréprochable, dans ces maisons universitaires, l'absence d'éducation et l'entraînement des rapports quotidiens ont de quoi ruiner l'honnêteté intime qui commande le respect de soi-même et des autres. Quand le doute philosophique et religieux vient encore troubler l'esprit et ébranler les croyances, il ne reste plus de contrepoids, et l'on descend d'une chute accélérée vers les abîmes, où s'éteignent toute lumière, toute espérance, toute vertu.

※

Faut-il parler des lycées de filles, de création franc-maçonnique?

L'enseignement théorique étant foncièrement le même, dans la mesure que comportent les programmes, est, au même titre, erronné et pervertissant. On prépare ainsi des femmes libres-penseuses; et c'est bien ce que l'on veut.

La liberté des conversations et la facilité des allures sont-elles pareilles?

Nous voulons croire que la réserve et la décence sont mieux gardées dans ce monde féminin. Cependant, ce que les journaux ont publié sur quelques-unes de ces écoles nouvelles, est de nature à inspirer des inquiétudes. N'ont-ils pas même dénoncé aux représentants de la loi et de l'hygiène publique, qui ont dû sans doute s'en préoccuper, des méfaits, dont une île fameuse de la mer Égée revendiquait, dans les temps païens, l'infâme monopole?

Ah! s'il se fût agi de quelque couvent de Sœurs!

* *

Vos établissements congréganistes, me répondra-t-on peut-être, enseignent-ils mieux, valent-ils davantage, sont-ils plus corrects, plus purs?

J'écris avec impartialité. Si nos écoles n'offraient pas plus de garanties que les autres, je le dirais simplement, et il ne resterait plus qu'à les englober toutes dans une commune réprobation.

Par bonheur, il en est autrement, du moins en ce qui touche la préservation morale. Si l'identité était constante, la presse anti-catholique, aujourd'hui formidable légion, garderait-elle le silence? La magistrature nouvelle, mise d'office aux aguets, observerait-elle la neutralité?

Il est malaisé de le croire.

Vous ne pouvez qu'instruire; nous, nous élevons, nous éduquons. Même quant à l'instruction, les examens et les concours officiels établissent d'une manière péremptoire que l'enseignement libre soutient honorablement la comparaison. Parfois il lutte avec tant d'avantage, que la colère jalouse rêve de le supprimer.

Solution sommaire et radicale; la politique et la haine essayeront de la justifier; l'honnêteté, jamais.

***

L'enseignement anti-chrétien prend sa

source et son mot d'ordre dans les hautes Facultés de l'Etat. C'est là que s'élaborent les théories rationalistes et les interprétations historiques inaugurées pour battre en brèche les doctrines et les actes de l'Eglise; là que se forment les maîtres qui, dans les écoles secondaires et primaires, accréditent ces négations systématiques et en imprègnent les générations nouvelles. Elles constituent le premier laboratoire de l'impiété savante.

Evidemment, ici nous trouvons l'appareil imposant de la science. Reste à savoir s'il y a également la réalité, si tout est vrai, sincère, honnête sous ces belles apparences; si l'on a affaire, en un mot, avec la science, ou seulement avec les hommes qui se targuent de son nom.

Nous aborderons plus tard cet important démêlé, pour faire entendre les protestations de l'honnêteté contre nos prétendus savants.

IV

LE MÉDECIN

Le médecin tient une place honorable dans la société humaine, et l'Ecriture veut qu'on l'honore à raison de la nécessité : *Honora medicum propter necessitatem.* Bon gré, mal gré, un jour ou un autre, on tombe entre ses mains.

Il ne saurait avoir lui-même une trop haute idée de ses fonctions : la vie, la santé et le bon renom d'un grand nombre sont à la merci de sa capacité et de son honnêteté.

Il est de ces hommes publics en qui la conscience et l'honneur doivent être au-dessus de tout soupçon.

⁂

La justice, les mœurs, les lois imposent au médecin une discrétion parfaite. Dans les confidences qu'il reçoit, se trouve souvent engagée l'honorabilité des personnes et des familles.

Il ne doit être ni trop prompt à alarmer, ni trop facile à rassurer. L'expérience lui démontre combien ses prévisions sont précaires.

La réserve fait partie de l'habileté médicale, aussi bien que de l'honnêteté.

***

Avec l'honneur, la santé et la vie sont souvent entre ses mains. Y porter atteinte, par des manœuvres directes ou par une coopération efficace, est un crime exceptionnellement odieux et soumis aux sévérités légales.

Tout récemment, l'Académie de Médecine recevait cette étonnante communication : u docteur, dont nous taisons le nom, avait réussi à inoculer par la greffe le virus cancéreux, à des femmes déjà atteintes de ce mal affreux, et qu'il venait d'opérer. *Faciamus experimentum in animavili*. Affaire de science et de chirurgie, sans doute; mais est-ce donc que l'honnêteté n'aurait rien à voir ici?

⁂

Sans aborder des détails délicats, nous souhaiterions à la médecine moderne un plus grand respect de l'enfant. Elle en vient parfois à une occision directe réprouvée par la la loi naturelle et divine, et que la loi humaine devrait également interdire et punir.

Lorsque deux existences sont en jeu, on peut exposer l'une pour sauver l'autre; mettre celle-ci en péril pour préserver celle-là; jamais il n'est permis de se faire directement homicide soit de l'une, soit de l'autre.

Servir les intérêts, les passions, les calculs, les préjugés humains, au mépris de cette grave et haute loi de la vie, est une infraction très notable à la justice et à l'honnêteté.

⁂

Les fonctions médicales font courir des périls à la vertu, et offrent des facilités au vice. Celui qui succombe et cherche dans sa charge même des occasions de ruine, ne garde point les lois sacrées de l'honneur.

Abuser de la confiance pour corrompre est un guet-apens, et une énormité morale, qui font d'un homme un misérable.

⁂

L'art de guérir exige des connaissances et de l'habileté. La plupart de ceux qui l'exercent ont dû faire leurs preuves d'intelligence et de travail.

Il s'en rencontre cependant dans le nombre de singulièrement incapables. Les suffisants sont généralement parmi les insuffisants.

Les vivants racontent sur le compte des médecins d'étonnantes méprises, moi tout le premier. Si les morts pouvaient parler, que ne diraient-ils pas ?

Tout ne serait pas à la louange de l'honnêteté médicale.

⁂

Vouloir que les disciples d'Esculape ne se trompent jamais, ce serait demander leur suppression. Les causes d'erreur les environnent comme autant de pièges. Malgré le savoir, l'habileté et l'expérience, ils se méprennent. Avec la meilleure intention de soulager et de guérir, ils voient le mal empirer, ils l'aggravent ; et, plus d'une fois, c'est à leur intervention que les humains doivent de passer de vie à trépas.

Entre eux, ils se rendent justice.

En voyant passer une foule silencieuse, qui accompagnait un jeune homme à sa dernière demeure : « Qu'est-ce que ce concours ? demandait un curieux à un vieux docteur de sa connaissance. — C'est, répondit le malin, un tome nouveau, relié en sapin, des œuvres de M. X..., mon confrère. »

⁎⁎⁎

La conclusion qui semble découler de là est que l'homme du monde, à qui la modestie devrait être facile et la réserve familière, c'est le médecin.

Il arrive aux plus habiles, non seulement de ne pas reconnaître le caractère de la maladie, mais de prendre le contre-pied ; non seulement de ne pas administrer le remède convenable, mais d'ordonner son contraire.

Est-ce toujours leur faute? — Non certes ; mais enfin le fait trop fréquent et la seule possibilité de ces fâcheuses méprises, semblent de nature à rendre moins affirmatif et plus modeste.

Les médecins les plus honnêtes sont, en effet, les moins charlatans.

⁎⁎⁎

A considérer la science médicale elle-même, elle prête peu au dogmatisme. Mieux que personne, le médecin ne peut ignorer combien cet art est complexe, riche en hypothèses et en affirmations contradictoires.

A la vérité, les descriptions anatomiques permettent de suivre fibre par fibre tout l'organisme humaine, et la chirurgie réalise de véritables merveilles. En est-il moins vrai que les opérations chirurgicales offrent des éventualités redoutables, qui, pour l'opérateur, équivalent à l'inconnu ?

Les symptômes des maladies seraient-ils toujours condensés en des formules précises, ce qui n'est pas, la pratique n'est-elle pas hérissée de difficultés et féconde en erreurs ?

Malgré les belles découvertes de la chimie, la thérapeutique est-elle considérablement plus avancée, plus sûre d'elle-même qu'il y a cent ans ? N'y a-t-il pas des maladies bien constatées auxquelles la médecine n'a rien à opposer ? Et pourtant la thérapeutique est toute la raison d'être du médecin : *Propter solam therapeuticam medicus est id quod est.*

Je le répète, ces incertitudes, ces complications, ces mécomptes, dont ils ne sont pas responsables, devraient donner aux médecins sérieux et de bonne foi l'habitude de la réserve.

* *
*

Habitués à la réserve dans la pratique de leur art, de cet art qu'ils ont sérieusement étudié, qu'ils exercent, je le veux bien, avec toutes les précautions de la prudence, les médecins sembleraient tout préparés à la modération quand il s'agit d'apprécier les choses qu'ils ne connaissent point, les sciences auxquelles ils n'ont pu se livrer.

En est-il ainsi ?

En se prononçant dogmatiquement contre la Religion, comme le font en ces temps le plus grand nombre d'entre eux, sont-ils en règle avec le bon sens et avec l'honnêteté ?

Eux, qui devraient être si modérés en parlant de ce qu'ils savent, comment parlent-ils si légèrement de ce qu'ils ignorent ?

* *
*

Il serait injuste de le méconnaître, — et nous sommes trop heureux de rendre cette justice pour y manquer — il en est qui placent au-dessus de tout leur foi de chrétiens, sont attentifs à ne point dépasser les limites de leur compétence, ont la loyauté de ne point surfaire leur habileté et leur science, surtout à n'en rien inférer contre les croyances religieuses, et à s'interdire toute incursion dans le domaine de la théologie chrétienne, qu'ils savent être plus ferme que le leur.

Mais ces modérés, ces sages, ces croyants forment le petit nombre.

* *
*

Ce n'est pas ici le lieu de discuter les prétentions médicales contre le signe décisif de la foi chrétienne, le miracle. La plupart s'enferment dans ce dilemme qu'ils érigent en axiome : « Les faits soi-disant miraculeux n'existent pas, ou ils sont naturels. »

La négation *à priori* du miracle accuse peu de philosophie ; mais l'effort violent pour ramener les faits miraculeux incontestables aux proportions de la nature donne à penser pour la bonne foi.

Bonne foi et honnêteté se confondent.

*
* *

L'anomalie suivante se rencontre assez fréquemment.

Vous demandez à un médecin réputé capable, mais incrédule : « Que pensez-vous de ce malade? Y a-t-il espoir de guérison ? » Il vous répond imperturbablement : « Incurable ! »

Le malade guérit, guérit même subitement à Lourdes ou ailleurs, à la suite de prières ferventes et en dehors de toute médication.

On revient trouver le médecin : « Docteur,

le malade inguérissable est parfaitement guéri ; le voilà. Voudriez-vous consigner par écrit et sous votre signature votre pronostic d'incurabilité naturelle ? »

Le docteur s'excuse, balbutie, et en définitive se dérobe.

Est-ce de l'honnêteté ?

* * *

L'irréligion est devenue de mode entre médecins.

Ils allèguent la science. La véritable science n'oppose rien de sérieux contre la religion. Bien plus, la religion fait partie de la vraie science, et ce n'est pas manquer d'égards envers la médecine que de lui souhaiter des bases et des déductions scientifiques aussi fermes que celles de la théologie, qui est la science de la religion.

Pourquoi ce parti pris contre le miracle et les dogmes chrétiens ?

En discutant avec calme et bienveillance,

on en trouvera difficilement d'autres raisons que l'enseignement anti-chrétien imposé à la jeunesse, l'oubli pratique de la religion dans la période agitée de la vie, le manque de courage pour contredire d'abord, pour se dédire ensuite.

En faisant à ces causes diverses une large part, serait-il téméraire de penser que l'amoindrissement de l'honnêteté, cette loi intime qui seule règle la vie, pourrait y être pour quelque chose, au commencement, au milieu et jusqu'à la fin?

V

L'AVOCAT

Cicéron voulait parler de l'avocat, quand il définissait l'orateur : *Vir bonus dicendi peritus;* l'honnête homme habile à bien parler; ou, ce qui revient au même, la conscience intègre mettant la parole au service du droit et de la loi.

La parole n'est qu'un instrument, et l'art de parler, qu'un moyen : instrument et moyen bons, s'ils servent à la vérité et à la justice ; mauvais quand ils s'emploient au profit de l'iniquité et du mensonge.

* *
*

L'avocat, dans sa notion idéale, est donc l'homme honnête et éloquent voué au culte de la justice.

L'avocat en qui la conscience est muette

manque de la première condition pour bien parler. Il fait un métier plus ou moins lucratif ; mais c'est tout.

Un avocat malhonnête, mal pensant, athée, quelle notion et quel respect peut-il avoir de la justice ? Il usurpe et déshonore sa noble profession.

⁎

Avocat, avoué, par l'étymologie et par la chose, c'est tout un. L'un et l'autre sont, dans notre état social, les intermédiaires obligatoires de la justice.

Déjà problématique et onéreuse par le fait du juge, la justice humaine devient, par le concours des avocats et des avoués, ruineuse, odieuse, détestable. N'était la nécessité de tenir en bride l'insolence et la cupidité, et de ne point laisser croire à la canaille qu'elle est au-dessus des lois, c'est à faire le serment de ne jamais plaider. Le pire des accommodements vaut le meilleur des procès. Avec plein

V. L'AVOCAT

bon droit, on court le risque de succomber, et l'on est toujours certain de perdre de son argent.

Les procès n'enrichissent guère que les voleurs et les avocats.

*
* *
*

L'avocat remplit un rôle d'honneur et répond à une nécessité publique : il est le soutien de l'innocent et le défenseur attitré du droit.

En théorie, oui. Mais pourquoi les coquins trouvent-ils sans peine des avocats pour les couvrir et les dégager? Allez au prétoire : en toute cause, vous entendrez le pour et le contre par la bouche des avocats. Chacun a le sien : le voleur et le volé, l'innocent et le criminel. Et le moins persuasif n'est pas toujours celui du voleur et du scélérat.

Est-ce conforme à l'honnêteté?

*
* *
*

Sans doute, il est des causes embrouillées

où les plus délicats et les plus fins peuvent, de part et d'autre, se faire des illusions avec bonne foi.

Souvent aussi, les clients, parmi les paysans surtout, ne confient que ce qui les justifie, et nullement ce qui les accuse.

Ni l'honnêteté ni l'honneur des avocats ne souffrent de ces complications et de ces réticences.

* *
*

Avocat sans cause ;

Avocat de n'importe qui et de n'importe quoi ;

Avocat exclusif des honnêtes gens :

Qui ne connaît ces trois catégories ?

* *
*

La plus copieuse n'est peut-être pas la dernière.

Serait-ce injurieux et téméraire de penser que l'avocat faisant profession ouverte et

V. L'AVOCAT

pratique de ne soutenir, à moins d'en être requis, que les causes défendables, est l'oiseau rare de Juvénal, *rara avis*?

Il y en a pourtant : nous en nommons dans notre esprit, et nos lecteurs aussi. Si leur réputation est plus longue à se faire, elle n'en devient, avec le temps et les succès, que plus sûre, plus honorable et plus lucrative.

Avocat des honnêtes gens et des causes justes : on chercherait vainement parmi les fonctions humaines un rôle qui soit plus glorieux.

* * *

Un trop grand nombre d'avocats, et ce ne sont pas toujours les plus marquants, ont d'autres prétentions que d'illustrer le barreau : ils sont les parleurs du jour et grillent de devenir les leaders de la politique. La politique est l'arène où ils se démènent pour arriver à la fortune et à la célébrité. En attendant qu'ils soient candidats, ils se font soutoneurs bruyants de candidatures. Ils prêtent l'échine pour avoir droit à l'épaule fraternelle : c'est le jeu honorable de la courte échelle.

Si tout dans ces efforts était justifié par des convictions, l'honnêteté serait sauve. Mais l'ambition expose à des capitulations honteuses et explique bien des palinodies.

***

Ceux qui parviennent à se hisser au Parlement croient prouver leur importance de légistes en exhumant des lois odieuses décrétées en de mauvais jours, ou en en fabriquant de nouvelles, non moins iniques ; en insinuant des stratagèmes de procédure qui tournent les lois protectrices, et soustraient aux juridictions régulières et aux juges indépendants.

Il en est qui se font un rôle d'être les pourvoyeurs de la proscription, ont des trucs pour alarmer les neutres, et les entraîner.

Le comble, c'est qu'ils inventent une magistrature faite d'eux-mêmes ou de leurs pareils.

⁂

Des légistes libertins, mécréants, voleurs, réglant le code, faisant les lois, tenant justice et prononçant des arrêts !

O Minos, voile ta face !

Nos temps ont vu des scélératesses légales et illégales à rendre jaloux les tyrans du Bas-Empire, et le tout au nom de la liberté !

C'est le chef-d'œuvre de nos légistes avocats, ou de nos avocats légistes.

Il y a des exceptions, des exceptions glorieuses, nous en convenons ; mais la règle est lamentable.

⁂

Le célèbre cardinal Hugues de Saint-Cher (m. en 1263), avait, il y a six cents ans, une intuition singulière relativement à une prophotio des derniers temps. Expliquant un des signes avant-coureurs de la fin du monde assigné par le Christ, en saint Luc, XXI, 25 : *In terris pressura gentium*, il entend ce texte de trois persécutions successives, dont la première est celle des tyrans, la seconde, celle des hérétiques, et la dernière, de toutes sinon la plus atroce, du moins la plus perfide et la plus désastreuse, celle des avocats : *Persecutio advocatorum*.

La persécution par les lois, par les procès, par les élections, par le suffrage populaire, au profit des avocats : *In terris pressura gentium :*

Vraiment, nous y sommes !

* * *

L'homme d'État qui doit nous sauver — si notre salut doit venir des hommes — décrétera peut-être un jour que les avocats et les médecins sont exclus des assemblées parlementaires, renvoyant les uns à Cujas et aux plaideurs; les autres à Hippocrate et aux malades.

Les anciens auraient marqué ce jour d'un caillou blanc.

VI

LE SOLDAT

L'honneur est la note caractéristique du soldat.

Mais quel est cet honneur?

Le soldat affronte la mort pour protéger les autres.

Serviteur du droit et esclave du devoir jusqu'à l'effusion du sang, il dédaigne ce qui est au-dessous.

Trois mots font sa gloire : courage, désintéressement et fidélité.

Trois choses le diffament : la lâcheté, l'intérêt et la trahison.

Le soldat qui laisse le faible succomber et recule devant le péril, imprime à son front le stigmate des lâches.

S'il s'abaisse à des trafics, s'il vend son concours ou son inaction, il mérite la note infamante de cupidité.

S'il abandonne son poste ou renie la parole donnée, c'est un traître.

⁂

Le sang s'attache au soldat comme un symbole glorieux, non parce qu'il le répand à flots sur les champs de bataille, mais parce qu'il est prêt à verser le sien pour la patrie.

Ce dédain de la mort l'élève au-dessus de la condition commune, et fait à son front une auréole.

Les blessures reçues, les cicatrices qui sillonnent son visage sont ses plus belles décorations.

⁂

Il lui est permis d'aimer la gloire, c'est-à-dire les éloges et les distinctions accordées à la valeur.

Par-dessus la gloire humaine, il doit aimer le devoir; et, pour lui être fidèle, savoir, au besoin, mourir obscur. N'est-ce pas ainsi que vit et meurt le simple soldat?

Pour ces braves inconnus, c'est assez, souvent, qu'ils fassent la célébrité de leurs chefs. Ceux-ci leur doivent l'exemple de l'héroïsme dans toutes les situations, les plus éclatantes comme les plus humbles. C'est alors surtout qu'ils sont dignes de la gloire.

Moins un soldat pense à lui-même, plus il s'attire d'honneur.

* *
*

Elle est belle une armée personnifiant la patrie, étrangère aux divisions de la politique, protégeant fidèlement son pays dans une discipline forte et silencieuse, ne servant d'instrument ni de menace que contre les ennemis du dehors, et, au dedans, contre les perturbateurs de l'ordre public !

Le militaire honnête poursuit cet idéal, et perpétue les traditions glorieuses qui ont fait du soldat français le type de la vaillance et de l'honneur.

Dieu nous garde des prétoriens qui proclamaient et massacraient tour à tour les derniers empereurs romains ; et des *pronunciamentos* qui font et renversent les monarchies et les républiques !

※

Aujourd'hui, les casernes sont des écoles nouvelles, où les générations se façonnent, dans l'expectative anxieuse d'une guerre effroyable, au métier des armes.

Aux pouvoirs publics et aux autorités militaires incombe le grave souci de pourvoir à la formation, à la vigueur physique et morale de cette jeunesse de vingt ans, la fleur du présent et la force de l'avenir.

La virilité qui fait le soldat robuste et courageux n'a pas de meilleur préservatif que la chasteté et la religion. Il y aurait sagesse et justice à protéger l'une et l'autre par les règlements, la discipline et une franche liberté. Ce serait ainsi bien mériter de l'honnêteté, de la religion et de la patrie.

VII

LE DÉPOSITAIRE DES DENIERS PUBLICS

Tout homme qui trompe et s'adjuge cyniquement le bien d'autrui cesse d'être honnête. Mais l'homme à qui l'autorité ou la confiance populaire confient la charge de veiller sur la fortune publique, ne peut malverser sans encourir la réprobation générale et la note d'infamie.

C'est ainsi. Les hommes attachent souvent plus d'importance à leurs biens qu'à leur renom. Les voler, c'est encore plus que les calomnier.

**

Autrefois, les hommes publics affectaient une sévère probité. C'était une injure grave à leur mémoire d'insinuer qu'ils s'étaient enrichis dans la gestion des affaires.

Ces temps sont passés. On nomme aujourd'hui tout haut et l'on désigne du doigt les parvenus du suffrage démocratique qui ont manipulé les finances nationales à leur profit ; parvenus, non seulement par les traitements surélevés ou cumulés, mais par les pots-de-vin, par le patronage vendu à des entreprises véreuses, par les coups de Bourse, par le détournement audacieux des allocations budgétaires.

* * *

Le côté le plus immoral de ces malversations, c'est l'impunité.

Ces voleurs publics n'ont qu'à nier pour se soustraire à la justice. Ils défèrent même à leurs tribunaux les indiscrets qui osent se plaindre.

Et les tribunaux, pas tous néanmoins, condamnent les dénonciateurs.

Et devant le public comme devant les

juges, ce monde-là maintient que ce qu'il fait est bien fait.

Remonterons-nous jamais ces eaux fangeuses ?

* * *

Jadis, notre administration financière forçait à la probité. Du sommet de la hiérarchie au dernier échelon, tous rendaient un compte minutieux et public.

L'appât de l'argent est une terrible tentation : il faut aider l'honnêteté par la loi et ses rigueurs.

Mais, si les lois protègent les mœurs, les mœurs finissent par faire les lois.

C'est là que nous en sommes.

VIII

LE COMMERÇANT

Nous avons considéré l'honnêteté dans les fonctions publiques et dans le secret du foyer. Etudions-la dans les différentes professions et aux degrés divers de l'échelle sociale.

**

L'honnêteté n'est pas sans mérite dans le négoce, d'autant plus qu'elle n'est pas commune, poussée jusqu'aux délicatesses.

Quand elle existe, vraie, constante, scrupuleuse, elle est honorable ; et, du moins à la longue, fructueuse.

Les acheteurs finissent par comprendre que l'économie la plus certaine est de n'être point trompés ; et les marchands ne sauraient donner d'étiquette plus attrayante à leurs maisons que la persuasion qu'on n'y trompe jamais.

※

La liberté joue un grand rôle dans les ventes et les transactions. Sauf des réserves que la justice impose, en principe, l'acheteur est libre d'accepter le prix, et le vendeur de le proposer selon ses intérêts, ou même selon ses caprices.

Les choses qui ne sont pas régulièrement dans le commerce, tels que les objets d'art, les curiosités archéologiques, les souvenirs personnels, n'ont de valeur déterminée que par comparaison avec des choses similaires. Le possesseur est libre de ses prix, comme l'amateur dans ses offres.

Il est toujours présupposé que l'un et l'autre savent ce qu'ils font, ce qu'ils livrent et ce qu'ils reçoivent.

Profiter de l'ignorance pour s'enrichir, en vendant ou en achetant, serait enfreindre la stricte honnêteté.

VIII. LE COMMERÇANT

⁂

Toutes les fois qu'il y a tromperie d'une part ou de l'autre, les juges devraient être armés par la loi pour la réprimer. Sous prétexte de liberté commerciale, on laisse impunies les fraudes les plus manifestes, et l'on encourage les malhonnêtes gens au préjudice des gens simples et inexpérimentés.

⁂

Les accaparements et les monopoles, dont les Juifs donnent le lucratif et scandaleux spectacle, au grand détriment du public qu'ils exploitent, sont interdits par la conscience, et par les lois aussi. C'est par la connivence des gouvernants, leurs complices, que ces spoliateurs insolents demeurent impunis.

Notre siècle aura vu dans cet ordre de véritables trahisons nationales.

※

Tant qu'on n'en sera pas venu à réprimer l'audace des Juifs, on ne rétablira pas l'honnêteté commerciale et financière.

Naïfs que nous sommes, nous nous prenions de pitié pour les enfants d'Israël en voyant dans l'histoire les explosions populaires et les rigueurs royales dont ils se disaient les victimes. En y regardant de près, et en méditant ce qui se passe sous nos yeux et à nos dépens, nous finissons par comprendre que ces prétendus excès étaient des châtiments mérités, et que ces spoliations étaient des revendications légitimes.

※

Outre la liberté, une autre condition de commerce, dont il faut tenir compte pour apprécier sa moralité, c'est la fluctuation des prix.

Les facilités de la production et de l'écou-

VIII. LE COMMERÇANT

ement modifient les charges et les bénéfices. Une chose est ordinaire, vile même en un lieu, qui devient rare et précieuse en un autre. En temps de famine, on paye au poids de l'or ce qui en temps ordinaire serait sans valeur.

***

Libre aux marchands d'exhausser leurs prix, pourvu qu'il ne s'agisse pas de choses nécessaires et qu'il n'y ait pas d'accaparement. La raison en est que les acheteurs, pouvant s'adresser ailleurs, subissent de leur plein gré ces exigences, ou plutôt refuseront de les subir.

Excéder les prix communs, c'est stériliser son débit; et vouloir acquérir au-dessous des prix courants, c'est se condamner à n'acheter jamais, ou à n'acheter que des qualités inférieures.

Il n'y a pas lieu de redresser des travers qui se corrigent d'eux-mêmes.

* *
*

Tromper sur la qualité ou la quantité, sans abaisser en proportion le prix, est un vol.

Les négociants qui ont recours à ces ruses sont tenus à la restitution comme les voleurs et les détenteurs ordinaires.

A ce prix, une multitude trouvera l'honnêteté difficile.

IX

L'OUVRIER

On a semé dans la classe ouvrière des ferments de discorde et de convoitise. Il est étonnant, après tant d'excitations par lesquelles on les exaspère, que les travailleurs ne se soulèvent pas en masse pour se ruer sur les patrons et les propriétaires.

L'instinct, et quelque peu aussi une cruelle expérience, leur apprennent que ces révoltes n'aboutissent qu'à la ruine et à la faim. Ils attendent, en maugréant, une réforme sociale, qui vraisemblablement ne viendra jamais, du moins telle qu'on la leur fait rêver.

* * *

Nous sommes loin de le contester, la question entre le capital et le travail est compliquée, et appelle une solution. Cette solution ne se réalisera et ne sera durable, qu'autant qu'elle aura pour base l'honnêteté réciproque.

Si l'on tente de celles qui violent la justice, elles ne seront que provisoires, et elles ne feront qu'aggraver le mal.

La justice elle-même, celle que les hommes ont le droit d'exiger, n'y suffira pas ; le concours de la charité est ici nécessaire.

Or, Dieu seul peut imposer à la charité le supplément indispensable qui manque à la justice, et faire rentrer dans sa justice la charité elle-même.

L'Église représente dans le monde cette charité divine, qui ne saurait être suppléée par aucune industrie humaine, ainsi que le déclare le Pape Léon XIII dans son Encyclique *sur la condition des ouvriers*. Il y a donc folie et témérité à vouloir dégager la question ouvrière de la foi en Dieu et de l'ingérence de l'Église. En dehors de ces bases, le problème demeurera insoluble.

**
*

L'honnête ouvrier ne compte pas sur ces chimères pour vivre. Il exécute son travail en s'en tenant aux conventions, à moins qu'il n'ait été lésé par imprévoyance ou par fraude.

Il garde la liberté de son travail, et celui qui l'emploie conserve la liberté du salaire. Les traditions et les coutumes font loi, pour déterminer le prix de l'œuvre en dehors des conventions préalables.

Les contestations injustes, tendant à réduire le salaire dû à l'ouvrier, sont odieuses. S'il y a eu surprise ou malentendu, l'équité naturelle ou un arbitrage impartial doivent régler le différend.

A défaut de magnificence, le riche est particulièrement tenu à ne point blesser la justice. Il doit céder au pauvre en tout ce qui prête à discussion; et, généralement, l'ouvrier n'est pas loin du pauvre.

※

Les travailleurs honnêtes méritent les sympathies et les concessions. Il en est d'autres qui fatiguent et révoltent par leurs prétentions.

Ils acceptent toutes les besognes et toutes les stipulations ; et, l'heure des comptes venue, ils ne se souviennent plus de la parole donnée, ils affectent le droit exclusif d'imposer leurs calculs et leurs notes, et d'ajouter à ces exigences les injures et les menaces.

Ils ne traitent pas, il est vrai, tout le monde indistinctement ; ils malmènent de préférence les gens honnêtes et timides, qui craignent le bruit et redoutent jusqu'à l'apparence de l'injustice. C'est avec eux et contre eux que leur insolence se donne carrière.

C'est ce qui aggrave leur malhonnêteté.

※

Il est rare que l'ouvrier consciencieux et laborieux manque de pain, à moins que ses forces ne le trahissent, ou que le malheur ne s'abatte sur les siens.

Ce n'est pas lui qui se mettra à courir le monde et à tendre la main avec cette rubrique : « Ouvrier malheureux sans travail. » Du travail, il en aura presque toujours et partout. Infirme, il trouvera une assistance plus sûre auprès de ceux qui ont connu sa bonne et loyale volonté. C'est principalement en faveur des ouvriers malheureux que se fondent les bureaux de bienfaisance et les associations de secours mutuels.

Si l'honnêteté est nécessaire à tous, elle l'est particulièrement au travailleur, qui a besoin de la confiance publique,

X

LE PAYSAN

On dit que Zola, dans sa Terre, a écrit des horreurs sur le paysan. Sauf l'immoralité de la mise en scène, dont le romancier du réalisme est coutumier, et que je n'ai garde d'absoudre, je suis tenté de croire qu'il a raison. Qu'aurait-il dit qui ne soit vrai ?

Le titre de son livre est un trait de génie : le paysan et la terre ne font qu'un.

Je l'ai vu de près, l'homme de la terre. Il a du bon ; mais je déclare à bon escient qu'il s'arrête vite dans le dévouement, qu'il va bien loin dans la ruse, qu'il descend bien bas dans l'abjection.

**

Il y a le bon côté.

Les poètes ont célébré les charmes et les

bienfaits de la vie champêtre. On peut le croire, ils avaient vu de leurs yeux la campagne dans ses beaux jours, ils avaient admiré la verdure et les fleurs, les moissons et les fruits, sans autre travail que celui de leur imagination pour bien peindre ces choses. Il est vrai, très vrai, que ces spectacles sont beaux ; que, dans les champs, l'air est pur, et que l'odeur même des étables et du fumier n'est pas aussi malsaine que les délicats pourraient le craindre : le vent emporte tout, et la pluie lave le reste.

Il ne s'agit pas d'ailleurs en ce moment de l'hygiène du corps, mais bien de celle de l'âme, de l'honnêteté ; et, à ce point de vue, la campagne garde des traditions et offre des préservatifs que n'ont pas les villes.

* * *

Ces maisons, isolées ou groupées dans les champs, abritent souvent des familles patriarcales profondément honnêtes et religieuses.

Le père et la mère y perpétuent de concert l'exemple des vertus humaines et des pratiques chrétiennes. Ce sont eux qui président à la prière du soir, accueillent et secourent les pauvres, règlent le travail, commandent simplement et conduisent tout, en criant quelquefois plus qu'il ne conviendrait à la ville. Le dimanche, le travail est suspendu, tout le monde vient à l'église du village prier Dieu et ranimer sa foi ; la maison est appropriée ; ce ne sont plus les habits du travail, mais ceux, plus frais, du repos et des fêtes.

On y enseigne, on y apprend, on y pratique le respect ; et, si les formules en sont parfois naïves et surannées, elles ne témoignent que mieux de la sincérité et des habitudes.

Jusqu'ici, le prêtre reçoit dans ces foyers la meilleure part du respect. Son souvenir se lie aux grands actes et aux circonstances mémorables de la vie : les joies et les engagements du mariage, la bénédiction des enfants, les épreuves de la maladie et de la mort. Par-dessus tout, il rappelle et représente Dieu, et personne plus que lui n'a le droit de recommander à tous les délicatesses de l'honnêteté et les devoirs sacrés de la religion.

***

Il n'est pas rare néanmoins, même dans ces maisons où Dieu domine les consciences, que la terre exerce une action singulière. Quand Dieu manque, elle devient souveraine; elle lie les âmes par une attache excessive à elle-même, à ses biens, à ses fruits. Elle leur fait partager, en quelque sorte, ses péripéties de bon et de mauvais temps, de soleil, de pluie, de vent, de tempête. L'homme qui travaille la terre vit de la terre : *Homo de terra terrenus ;* il devient terrestre, ainsi que s'exprime saint Paul.

Il en résulte une crainte habituelle de perdre, de perdre la terre et ce qui tient à la terre, et une méfiance à peu près universelle pour se sauver de toute mauvaise aventure.

※※※

La méfiance est l'état habituel du paysan. Même en se confiant, il se méfie et fait des réserves.

De là à tromper, il n'y a qu'un pas. Les paysans se dupent entre eux sans scrupule. Ce qui les retient ou les protège, c'est la méfiance qu'ils se renvoient.

Ils éprouvent surtout une joie secrète à s'élever par la ruse et le dol au-dessus des gens de leur condition, et c'est principalement contre eux qu'ils dressent leurs embûches. Ils affectent une bonhomie qui écarte tout soupçon, et ce n'est qu'après coup qu'apparaissent leurs machinations et leurs circuits. La satisfaction qu'ils ressentent donne la mesure de leur honnêteté.

L'appréhension de tout ce qui peut nuire à ses intérêts rend le villageois circonspect avec l'inconnu, lâche et rampant en face des puissants et des méchants, insolent et ingrat à l'égard des inoffensifs.

**

Autant que possible, pour peu que son intérêt soit en jeu, il faut lui épargner le péril du parjure ; car il a une religion à lui pour le serment, comme pour le mensonge. Ne pas mentir quand il s'agit de gagner, et ne pas jurer à faux plutôt que de perdre, c'est sottise à ses yeux.

Si la haine s'en mêle, toute la conscience y passe.

En général, ce qui appuye ses prévoyances d'intérêt, de sécurité ou d'immunité, vérité ou mensonge, rentre dans ses moyens, et partant dans ses fins, sans gêne pour sa morale ni pour sa religion.

J'ai connu des paysans qui étaient de vrais types de scélératesse. Et il y en avait, pas tous pourtant, qui passaient pour avoir de la probité.

Le caoutchouc a moins d'élasticité que ces consciences.

**
**

L'égoïsme résume ces habiletés et ces manœuvres du paysan. Comme pour le canard de Montaigne, le monde tourne autour de lui.

Aussi les blessures faites à sa personne, à sa considération ou à ses intérêts sont incurables. Il garde une rancune amère des injures reçues, et plus amère encore des pertes subies. Il passera longtemps sans paraître se souvenir : quand vient l'occasion, il se venge avec âpreté et jouissance.

**
**

La cupidité et la peur le rendent crédule. C'est inouï comme cet être qui se méfie de tous est accessible au mensonge. Il accueille les rumeurs les plus informes, les plus absurdes ; il les corse en les répétant, il les justifie par ce qu'il y a de plus invraisemblable, avec une assurance que l'on prendrait pour la certitude. Si on l'interpelle juridiquement pour saisir la généalogie et la trace de ces bruits fantastiques, c'est le moment de se retirer, de se taire, de ne rien savoir, de n'avoir rien entendu ni rien dit.

* *
*

Quand le vice pénètre dans ces âmes rusées il devient cauteleux, cynique, abject. Ils osent tout faire, tout dire et tout nier avec une égale impudence.

Les raffinements qu'ils vont chercher dans les villes prennent chez eux la plus brutale intensité. Une fois implantés, on ne les extirpera que difficilement.

* *
*

Le respect humain atteint au village son

maximum de tyrannie et de lâcheté. On dirait que les moutons apprennent de leurs maîtres la routine de marcher les uns à la queue des autres.

Là où le bien et la religion sont en honneur, l'exemple maintient le courage ; on y trouve cependant des mécréants et des polissons qui font peur à plus d'un. Là où le mal a prévalu, on se heurte à l'immobilité lapidaire ; on rencontre quelques individus qui gémissent, presque pas un qui ose se détacher et protester.

* *
*

Ce qui assainit les campagnes et moralise les maisons, ce sont les femmes.

Mieux préservées par la réserve naturelle à leur sexe et par l'éducation, mieux conservées par la pratique habituelle de la religion et par le travail, elles retardent l'esprit de négation et le flot corrupteur qui déborde des villes. Le soin et la sollicitude des enfants ravivent en elles le sentiment de la fidélité, de l'honneur, de la religion.

L'homme fidèle raffermit la femme; et l'homme infidèle, en multipliant les soucis de la mère, la rattache à Dieu et à ses devoirs.

⁂

L'homme des champs se pervertit dans les marchés et les foires, à l'auberge, au café, par tout ce qu'il voit et entend dans les réunions et les conversations publiques.

Rentré au foyer, il n'en est que plus inquiet, plus emporté, plus cynique.

Si la femme a besoin de conversion, ce spectacle seul est de nature à l'opérer.

⁂

A la campagne aussi, la femme se gâte, et, à mesure que baisse sa moralité, la moralité diminue autour d'elle.

Il est des pays où la femme, à la suite de l'homme, s'est émancipée de la religion. Il y règne l'abomination de la désolation, pour parler le langage biblique.

Et dans les régions encore chrétiennes, partout où l'honnêteté subit des atteintes, c'est dans la proportion où la femme est de connivence.

Aux champs comme à la ville, c'est l'honneur des femmes d'être les gardiennes de l'honnêteté.

XI

LE PAUVRE

« Ne me donnez ni la mendicité ni les richesses; mais seulement le nécessaire de la vie. »

Telle est la prière du Sage (1).

Elle semble dire que la pauvreté et la trop grande abondance sont ennemies de l'honnêteté.

* *
*

La privation, la privation surtout du nécessaire, aiguise les désirs ; et, sous l'aiguillon du désir, la chose convoitée frappe seule les regards : tout le reste disparaît.

Le pauvre malhonnête a sur les lèvres un mot pour tout justifier : « Il faut vivre. » De

---

(2) *Prov.*, xxx, 8 : *Mendicitatem et divitias ne dederis mihi; tribue tantum victui meo necessaria.*

sorte que, devant cette loi inexorable de la vie, l'honnêteté ne compte plus !

* * *

La pauvreté ne déplace pas seulement la fin principale de l'âme par la fin secondaire du corps, elle justifie tous les moyens.

« Il faut vivre ! » et, pour vivre, on rampe, on ment, on tue, on vole, on prostitue son corps et son âme.

Chose étrange et abjecte ! Quand on a goûté de cette servitude et de cet avilissement, on n'en sait plus sortir ; on végète, on pourrit, on meurt dans la dégradation de la misère.

Sous ces étreintes et dans ces hontes, la conscience sommeille et s'éteint dans une incurable léthargie.

* * *

La pauvreté qui s'aide de son travail ne descend pas si avant dans l'abjection que la mendicité vagabonde ; elle est cependant, par elle-même, mauvaise conseillère.

Elle a besoin de tous, et c'est à sa porte que vont frapper ceux qui cherchent des auxiliaires pour le mal. Refuser, c'est manquer un gain et tarir une source ; c'est un mauvais jour, et la menace d'un fâcheux lendemain.

La misère plaide, et a véritablement à sa décharge les circonstances les plus atténuantes. Mais, qui ne le voit? C'est au préjudice de l'honnêteté.

*
* *

Le pauvre honnête est héroïque, plus héroïque que le pauvre volontaire et par amour pour Dieu.

Celui-ci a compris la fuite et la caducité du temps, et, afin de mieux s'assurer les biens éternels, il a renoncé aux choses passagères et futiles. C'est sagesse, et il est permis d'y voir la prévoyance d'un égoïsme bien entendu.

Si la vue du Sauveur Jésus aimant et pratiquant la pauvreté, séduit le cœur jusqu'à lui faire embrasser comme une amie la pauvreté du Maître, c'est la sainte folie de l'amour qui méprise la terre en attendant le ciel.

L'autre, le pauvre par nécessité, n'a ni ces attraits ni ces compensations : il subit.

S'il subit avec résignation, en gardant un sentiment ferme, inaltérable que l'honnêteté est préférable aux aises de la vie, et que la plus extrême indigence, la mort même, vaut mieux que la perte ou l'amoindrissement de l'honnêteté, ce pauvre-là est sublime.

XII

LE RICHE

L'abondance est un péril pour l'honnêteté. Bien conduite, cependant, elle peut en être le soutien et l'honneur.

La richesse est l'instrument du mal; elle peut être aussi l'instrument du bien.

C'est au riche à décider.

***

Pecuniae obediunt omnia (1), tout obéit à l'argent. Avec l'argent, on achète tout : terre, corps et âmes.

Au moyen de l'argent, c'est, du même coup, pour le faible, assailli par les convoitises, impatient d'arriver et de jouir, la corruption de soi-même et des autres.

Tentation redoutable pour la concupiscence humaine !

(1) Eccl., x, 19.

Et, à mesure que l'on cède à ces facilités et à ces appas, on en devient l'esclave. L'honnêteté n'apparaît plus qu'à l'état de remords.

※

Même avec le sentiment du devoir et de l'honneur, les occasions qui s'attachent à la richesse constituent un danger permanent. Ceux qui y résistent méritent bien de l'honnêteté.

Beaucoup y succombent.

※

Néanmoins, la richesse moralise plus facilement que la pauvreté.

L'aisance, dégageant des préoccupations matérielles, permet la culture de l'esprit et la rend presque obligatoire. En s'instruisant, l'esprit s'élève. S'il rencontre la vérité, il peut heureusement céder à ses charmes, et la vérité le conduira à l'honnêteté.

Le riche est également poussé vers ce but, par la bienfaisance.

Le bien que l'on fait rend bon, rend meilleur. C'est une rosée du ciel, et c'est une suave émanation de la terre.

« Que Dieu vous bénisse », c'est la réponse habituelle du pauvre chrétien à l'aumône reçue.

Et Dieu bénit. Il bénit par la lumière qui donne la foi, par la joie qui dilate l'âme et fait aimer, par les douces attractions de l'espérance.

« Donnez, et l'on vous donnera », dit Jésus-Christ ; donnez de ce superflu qui passe, et Dieu vous donnera les biens éternels, et par surcroît même les choses du temps.

Ce que le riche laisse tomber de sa main en celle du pauvre, c'est autant de soustrait aux passions mauvaises. Autre hommage et nouvelle garantie au profit de l'honnêteté.

L'aumône conserve dans l'honnêteté celui qui donne et celui qui reçoit : c'est le double bienfait de la richesse.

* *

Le riche qui échange ses deniers ou son or contre la vertu du pauvre, prend pour lui-même plus de honte qu'il n'en inflige. Tout l'accuse : sa conscience, ce pauvre avili, et jusqu'à sa richesse, destinée à un plus noble usage.

* *

Le riche qui accroît son opulence aux dépens du pauvre, en lui prenant son épargne, en le pressurant, en le dépouillant, non seulement n'est plus honnête, il est méprisable et haïssable.

Il faut le mépriser et le haïr dans la mesure de ses exactions et de ses rapines.

Plus il est puissant et en apparence honoré, plus les honnêtes gens doivent l'inonder de leur mépris et le poursuivre de leur indignation.

* * *

Pour extirper cette honte, il faut souhaiter à tous les citoyens honnêtes le courage de dire, de crier sur les toits et les places publiques, dans la presse, au Parlement, devant les juges, partout, ce qu'ils savent, ce qu'ils pensent des voleurs publics, juifs ou chrétiens, hommes d'État ou simples citoyens, décorés ou non.

L'honnêteté ne triomphera qu'à force de courageuses clameurs, comme la juiverie n'est parvenue à nous enlacer et à nous tyranniser qu'à force d'audace et de mensonges.

Mais, sur les Juifs, il y en a plus long à dire.

XIII

LE JUIF

Le Juif est un être à part, et il mérite une mention spéciale, à titre de repoussoir, dans une esquisse sur la moralité.

Même dans l'ancien Testament, lorsqu'il gardait et portait les divines promesses, il inspire souvent le dégoût, et il fallait pour le supporter toute la patience du Père éternel. Il se rencontrait néanmoins des individualités vénérables. La sève divine circulait dans le monde par le canal judaïque. Moïse, Samuël, Élie, Élisée, Jérémie, Daniel et beaucoup d'autres prophètes se signalèrent par leur sainteté; et, jusque dans les plus grandes défections, Dieu compta en ce peuple, qu'il avait fait sien, de vrais adorateurs.

⁂

Quand le Messie paraît, le peuple juif semble prendre à tâche de consommer son apostasie et de la rendre irrémédiable.

Le Sauveur naît d'une Juive, Juif lui-même par son humanité. Mais, à la manière dont il est accueilli, on croirait qu'il n'a préféré ce berceau qu'en prévision de la Croix où il voulait mourir.

Les premiers chrétiens furent Juifs; mais ils durent, pour embrasser la foi nouvelle, renier les préjugés de leurs concitoyens.

Après l'attentat du Calvaire, le Juif, vagabond, erre à travers le monde, portant au front le sang du Christ comme Caïn le sang d'Abel, sans patrie, en suspicion à tous, et justifiant les méfiances publiques par ses haines, ses rapines, ses brigandages. On le trouve partout où il y a une perfidie à machiner, une scélératesse à commettre. Il excelle à ourdir dans l'ombre, puis à se dégager à l'heure du péril et des responsabilités. Il cumule l'audace et la lâcheté.

※

Dans l'histoire, il apparaît souvent comme proscrit, en butte à la vengeance populaire. Au fond c'était justice. Dès qu'on cesse de le comprimer, il dépouille, il outrage, il pressure sans relâche ni pitié. Un moment vient où la victime, lasse, se révolte : elle reprend son bien et sa liberté, elle rend à pleines mains les maux qu'elle a reçus.

C'est le moyen, moyen dur, mais nécessaire, de rasséréner l'honnêteté et la justice.

Du Décalogue, inscrit pour lui sur la pierre, le Juif a effacé l'inscription divine, ne gardant en son cœur que la pierre dure et froide. Dieu, quand il lui plaît, rétablit le texte avec les larmes et le sang.

※

Le Juif a surtout une morale à lui vis-à-vis des chrétiens ; elle consiste à haïr, à extorquer, à nuire par tous les moyens. S'il parvient à accaparer le pouvoir, c'en est fait de la liberté religieuse, de la morale évangélique, de la foi chrétienne, de la sécurité publique. Le Juif seul se gorge, se gaudit, se pavane.

Pour l'honneur de l'humanité, on peut admettre des exceptions ; mais le Juif qui ne vole pas, qui ne hait pas le chrétien, qui ne blasphème pas le Christ, tient à la souche par le sang, il n'en a pas l'esprit.

**

En nos temps, il s'agit de savoir qui l'emportera, du Juif fourbe, rapace, insolent ; ou du chrétien honnête, qui entend garder son bien, sa foi, son honneur, sa liberté.

Un écrivain courageux a poussé le cri d'alarme : le Juif nous pille, le Juif nous déshonore, le Juif nous asservit, le Juif nous tue ; il tue la France chrétienne, il tue la France tout court. Il a dénoncé les complicités, les connivences, les faiblesses lâches, intéressées, prudentes. Ces indiscrétions du

14.

réquisitoire ont excité des susceptibilités peut-être légitimes, et provoqué des blâmes.

Le Juif, lui, a rugi de colère; mais nier n'était pas possible; car la preuve éclate surabondante, et, dans son ensemble, indiscutable.

Laissons les accessoires, retenons le principal.

**

Oui, la juiverie règne en souveraine.

La juiverie, c'est l'exploitation sociale au profit des enfants d'Israël.

Cette exploitation est générale : politique administrative, judiciaire, financière, commerciale. Le Juif se faufile partout pour voler et opprimer le chrétien.

Par la franc-maçonnerie, qu'il inspire et dirige, il poursuit Jésus-Christ et l'Église, le sacerdoce, l'enseignement et le culte catholiques.

A l'administration gouvernementale, à la magistrature, au Parlement, il impose ses hommes ou ses programmes.

Par la haute banque, il combine les accaparements ruineux et renverse une à une, avec une audace cynique, les associations favorables aux intérêts catholiques et français.

Par un chantage scandaleux et impuni, il draine, sous mille formes diverses, l'épargne des simples et des pauvres.

Son industrie a la spécialité du clinquant et de la pacotille.

Son commerce s'exerce comme les attaques dans les bois, par surprise et à coups de sifflet, par bandes réglées et impitoyables.

L'usure, l'usure qui ronge à l'instar des chancres, est héréditaire dans Israël, et maintient dans la société chrétienne une plaie hideuse.

Rampant et sordide dans la misère, il éclabousse dans le luxe.

***

Faut-il s'étonner qu'il y ait partout dans l'air, dans le vieux monde sucé par ces vampires, un courant antisémitique, une question juive sans cesse renaissante, question qui s'est maintes fois résolue dans le sang, et qui menace de se liquider de même ?

La justice souveraine et populaire n'est pas dans les lois; mais, si les législateurs et les juges refusent d'y pourvoir, empêcheront-ils éternellement les peuples, à bout de patience, d'y pourvoir eux-mêmes ?

Lorsque l'orage se sera déchaîné sur les rives du Dniéper, de la Bérésina et du Danube, où les nuages sont déjà amoncelés, ne fera-t-il pas le tour de l'Europe et du monde, poussé par la fureur populaire ?

Le Juif pourra se plaindre et gémir ; mais, comme après le crime du Golgotha, en se frappant la poitrine. Il a semé le vent, il recueillera la tempête. Avec son obstination légendaire, il gruge, il raille, il foule aux pieds la multitude chrétienne. La multitude, à son tour, lui fera rendre gorge, et piétinera sur lui avec la colère propre aux foules déchaînées.

L'iniquité reprendra son cours, car cette race est inextinguible et incorrigible ; mais, à son heure, le châtiment reviendra aussi.

*
* *

Mieux vaudrait une main intelligente et sévère, qui, en vertu du haut domaine, ramènerait la prospérité publique ébranlée par les extorsions et les concussions judaïques.

Cette protestation serait la plus sage et la plus profitable, celle qui convient à la justice outragée, à l'honnêteté méconnue.

Reverrons-nous jamais ces revendications légitimes ?

Serons-nous dupes jusqu'à extinction ?

*
* *

Nous ne persuaderons pas le Juif, nous ne

le convertirons pas : il faut le réduire et le contenir.

Le supprimer est chose impossible, la supposerait-on morale. Le Juif est immortel. Toutes les nationalités disparaissent successivement ; seule, la race juive, émiettée dans l'univers, se perpétue, toujours vivace et sans jamais se fondre en aucune autre nationalité. Elle fait semblant de se greffer sur les autres peuples; c'est un stratagème pour obtenir le bénéfice de la protection et pour mieux sucer la vie : c'est le gui sur le pommier. Avant tout le Juif est juif, et il ne prend d'autres formes que pour mieux rester juif.

Cette vitalité, n'en déplaise aux incroyants, est miraculeuse. Le Juif est le témoin du divin Crucifié, comme le bourreau sert de témoin à la victime. La mort du Christ a sauvé le monde, et elle sauverait les Juifs, s'ils n'étaient obstinés dans leur aveuglement.

En attendant que le voile tombe de leurs yeux, ainsi que l'Eglise le demande et que nous le demandons avec elle, ils subsistent pour attester le passé qui a précédé et amené Jésus-Christ.

On aura donc beau frapper sur le Juif, le Juif subsistera jusqu'à la fin du monde. Seulement, comme à toute mauvaise bête, il faut lui tenir la bride courte ; et, quand il regimbe, la mangeoire haute.

XIV

LE FRANC-MAÇON

Le franc-maçon procède du Juif. Il en a les voiles et les circuits, la haine et l'arrogance.

La franc-maçonnerie n'est plus un mystère. Les professions de foi de ses adeptes et les révélations des convertis ont mis à découvert le but et les moyens, le cérémonial et les pratiques de ces affiliations soi-disant secrètes. Plus nettement encore que tous les aveux, ses œuvres révèlent son esprit.

En la supposant telle qu'on la dénonce et qu'elle se déclare, est-elle en règle avec l'honnêteté ?

**
*

Est-il honnête, est-il circonspect, l'homme qui se livre, corps et âme, à un engrenage dont le principe moteur échappe à son regard, à ses investigations et à son contrôle; qui s'engage à tout entreprendre et à tout subir, sans se réserver le droit de discuter la moralité et les conséquences des actes qu'on lui demandera?

Tel est le franc-maçon.

⁂

Est-il honnête, est-il logique, le libre-penseur qui, tout en raillant comme puéril le symbolisme chrétien, se soumet humblement à des rites grotesques, à des fantasmagories ridicules?

Tel est le franc-maçon.

⁂

Est-il honnête, est-il indépendant, l'esprit qui, sous le prétexte et au nom de la liberté, se voue avec anathème à la plus tyrannique des servitudes?

Tel est le franc-maçon.

⁂

Est-il dans la bonne foi et la morale, le négateur de parti pris, qui, sans rien approfondir ni discuter, déclare haine et guerre à Dieu et au Christ, et se fait une religion de l'impiété?

Tel est le franc-maçon.

⁂

Que retient-il d'honnêteté et de dignité, l'homme qui se fait un code de l'indécence, et, sous des signes et des demi-mots, proclame le droit au libertinage?

Tel est le franc-maçon.

⁂

Cède-t-il à sa conscience, ou plutôt ne la foule-t-il pas aux pieds, l'ambitieux qui, pour se frayer les voies de ce monde, les avenues de la fortune et des honneurs, s'inscrit parmi les mécréants décidés à renier et à outrager la religion jusqu'à la tombe et irrémédiablement voués — sur l'honneur! — à l'enfer?

Tel est le franc-maçon.

⁂

Satan n'a pas de meilleur ami.

XV

LE JOURNALISTE

La plus redoutable, la plus désastreuse vilenie du jour est la prostitution de la plume.

Écrire devrait être un acte sérieux, car cela suppose la réflexion et la culture de l'esprit, conséquemment une plus grande responsabilité.

Et néanmoins, qui pourrait compter ceux qui n'écrivent que pour mentir, pour égarer et corrompre?

**

Le Juif et le franc-maçon ont fait du journal leur principal auxiliaire. Force a été de recourir au journal pour répondre à leurs attaques et à leurs calomnies, pour opposer au mensonge et à l'erreur, les revendications de la vérité.

XV. LE JOURNALISTE

⁎ ⁎
⁎

La presse est aujourd'hui, avec l'argent, la grande puissance publique. C'est l'indispensable levier de la politique et des finances, de la lutte et du succès. Elle sert à tout : à l'attaque et à la défense, au bien et au mal, au renom et à l'infamie.

Bon gré mal gré, il faut y venir, pour protéger les intérêts publics et privés, l'honneur, la liberté, l'ordre, la sécurité. Si on laissait le champ libre aux menteurs et aux corrupteurs, sans leur opposer des démentis courageux, sans tenter pour la préservation, ce que les malfaiteurs publics recommencent tous les jours, et sous mille formes, pour le libertinage et la séduction, ce serait fait de la moralité publique.

⁎ ⁎
⁎

Il ne faut pas se lasser de flétrir cette abjection, serait-elle inguérissable. En notre siècle, le monopole de la duperie, de la diffamation, de l'excitation au mal revient au journalisme. Personne n'ignore — et bien peu sont sur leurs gardes — qu'une nuée d'écrivains et d'écrivassiers sont gagés pour tromper et pervertir. C'est leur gagne-pain.

La prostitution de l'esprit est pire que celle du corps; elle mérite au moins autant d'infamie.

※

Le feuilleton immoral est le poison à dose réglée. Une masse de lecteurs, et encore plus de lectrices, ne lisent le journal que pour cette pâture immonde.

Il est des mères qui surveillent le livre troublant; mais le mauvais journal pénètre et traîne partout.

※

Une certaine presse se réclame de la pornographie et se met à son service. Il est des degrés et des nuances dans cette ordure; c'est toujours de l'ordure.

C'est étonnant et humiliant comme la brute hume la chair. Ces pourvoyeurs méritent bien de la brute humaine.

**

Le cancan menace de remplacer l'histoire.

L'obligation de fournir au public son régal quotidien de nouvelles, a fait inventer le reportage et l'interview. En soi, ce n'est pas un mal. Mais, plus d'une fois, on invente ce qu'on ne trouve pas; plus souvent on l'arrange; et quand on fait parler les autres, c'est moins pour servir la vérité, que pour mentir à deux.

Les journalistes, mieux que les pestiférés, devraient subir la quarantaine.

**

La presse qui n'est pas honnête viole les droits sacrés de la réputation, jette en pâture au public, toujours friand de scandales, les secrets des particuliers et l'honneur des familles ; elle ne recule devant aucun moyen ni aucune invention pour avilir les adversaires qu'elle se donne mission de combattre.

N'étaient le duel et les tribunaux, il est des calomniateurs et des insulteurs que rien ne briderait.

La répression fondée est celle de la justice ; et le remède le plus efficace est, avec le démenti public, dans l'amende et la prison.

* *
*

La presse loyale s'attache à ne point se départir des lois de la morale et de l'équité ; et la presse religieuse n'a qu'à s'inspirer de l'esprit de l'Église. Elle traite, en toute liberté et fermeté, des principes ; elle respecte et ménage les personnes, selon la maxime éminemment chrétienne de saint Augustin : *Interficite errorem, diligite homines* ; tuez l'erreur, aimez les hommes.

XV. LE JOURNALISTE

* *
*

Elle a le droit néanmoins d'user de représailles contre des adversaires impudents; non certes en recourant, ainsi qu'ils le font, aux imputations calomnieuses et mensongères; mais, quand les nécessités de la lutte le requièrent, en leur jetant à la face les turpitudes de leur vie publique, et même privée.

N'en déplaise aux timides et aux pharisiens, c'est là de la bonne et loyale guerre.

Quoi donc! des malfaiteurs, acharnés et sans bonne foi, usent contre nous, pour le mal et le blasphème, de machinations que la morale flétrit; et il nous serait interdit d'invoquer contre eux les verdicts de la justice et de la vérité? Ils tenteront d'entacher la réputation des honnêtes gens en les calomniant ou en dévoilant leurs secrètes faiblesses; et ceux-ci ne pourront point démasquer leurs infamies, et ruiner ainsi leur influence?

Cette théologie serait par trop commode pour les uns, et par trop sévère pour les autres.

Il faut au moins que la défense puisse emprunter à la vérité les moyens que l'attaque cherche dans le mensonge. Que les compromis crient, tant qu'ils voudront, au scandale ou à la diffamation ; on leur répondra : *Medice, cura teipsum.*

**

Dernière réflexion.

Chaque journal a sa nuance et sa raison d'être. Cependant, sa manière de combattre pour son idée et son intérêt ne doit pas être la même envers tous et sur toutes les divergences. Un honnête homme ne doit jamais prendre devant un honnête homme l'attitude qui lui convient vis-à-vis des contempteurs de l'honnêteté.

Les dissentiments d'opinions, tant que ces opinions demeurent libres et soutenables, commandent la mesure et la réserve. Dieu a livré le monde aux disputes des hommes ; mais, entre gens convaincus et de bonne foi, les égards réciproques doivent présider aux discussions.

Se mettre sur le pied d'opposition et d'hostilité avec ceux qui ont un idéal et un programme politique différent, comme avec ceux qui violent ouvertement les lois de la morale, de l'ordre et de la sincérité, ne serait pas seulement une fâcheuse intolérance ; il y aurait injustice et maladresse.

Envers la faiblesse, l'ignorance et surtout la bonne foi, égards et condescendance ; mais avec les malhonnêtes gens, l'indomptable inflexibilité.

XVI

L'ÉLECTEUR

La première victime de la mauvaise presse, c'est l'électeur ; mais, souvent, parce qu'il le veut bien.

Nous ne parlons pas politique, mais honnêteté ; et l'honnêteté a sa part de triomphe ou de défaite dans les élections.

Il s'agit d'un acte libre concourant très efficacement au bien ou au mal public. Cet acte est donc honnête ou malhonnête, selon qu'il influe sur le bien ou sur le mal.

La morale n'a pas d'axiome plus élémentaire.

* *
*

Et pourtant, élection et honnêteté paraissent à beaucoup choses disparates, ou du moins indépendantes l'une de l'autre.

XVI. L'ÉLECTEUR

Des citoyens bons, honnêtes, religieux même, semblent perdre le sens en approchant de l'urne. Ils font, disent-ils, de la politique; et la politique, dans leur esprit, est chose étrangère à la moralité. Ils votent sans scrupule pour des hommes mauvais, tarés, impies, à qui ils n'auraient garde de confier leurs femmes, leurs filles ou leur bourse. Ils ne comprennent point ou ne veulent pas entendre que, en passant leur mandat, ils assument la responsabilité des actes que ces représentants vont accomplir en leur nom.

Il suffit cependant d'un peu de bon sens et de réflexion pour saisir cette identification morale.

On voit en cet ordre les anomalies les plus monstrueuses.

* *
*

Demandez à un de ces électeurs inattentifs et inconséquents : « Êtes-vous pour l'honnêteté, la justice, la religion? » Il vous ré-

pondra : « Mais oui, vous le savez bien. »
— « Pourquoi donc choisissez-vous, pour gérer la chose publique, les ennemis déclarés de l'ordre, du bien, de la foi chrétienne ? »

Dites-lui : « Vous aimez la probité, vous croyez en Dieu, vous voulez la tranquillité publique : comment vous remettez-vous entre les mains des voleurs, des blasphémateurs, des perturbateurs ?

Il hochera la tête en signe d'étonnement et d'ignorance.

* *
*

Plus d'un vous fera peut-être cette réponse : « Une voix de plus ou de moins, que voulez-vous que ce soit ? ».

Les idiots ! Ils ne comprennent pas que ces voix individuelles font le vote, et que chacun a sa part numérique et très précise de responsabilité.

Ce qu'il y a dans la foule d'ineptie, de crédulité, de parti pris est inconcevable ; on ne le constate jamais mieux que dans les votes populaires.

※

Les oiseaux de proie ont l'attrait de la charogne. Une multitude d'électeurs obéissent au même instinct.

Ils choisissent dans une région, pour leur confier le pouvoir, ce qu'il y a de plus déconsidéré, de plus turbulent, de plus brouillon.

Que les méchants fassent de tels choix, cela se comprend ; que les bons les imitent, c'est incompréhensible.

※

Des candidats qui corrompent et égarent les suffrages populaires, qu'en dire en restant dans notre sujet, sinon qu'ils outragent l'honnêteté et l'honneur ?

※

Les ruines que font subir à l'honnêteté et aux plus hauts intérêts les mauvaises élections dépassent tout calcul. C'est à l'aide de ces suffrages inintelligents que les ambitieux, les agitateurs, les exploiteurs s'emparent d'un pays, le bouleversent, le pillent et l'amènent aux abîmes.

La moralité du suffrage universel est fort contestable; mais, étant donné qu'il soit à cette heure nécessaire, on devrait du moins s'appliquer à y introduire l'honnêteté dans la mesure où il la comporte.

* * *

Les susceptibilités des gouvernants et les rigueurs dont ils les sanctionnent ont réussi à annuler le prêtre. Il ne dit rien, il n'enseigne rien au peuple sur la gravité de ses votes. Il gémit et subit tout en silence.

Quelques évêques seuls osent offrir des conseils sur les devoirs des citoyens en matière d'élection. Les autres se font un mérite de la résignation.

XVI. L'ÉLECTEUR

**

Il ne faudrait pas attendre les périodes électorales pour traiter ces importants sujets. C'est dans les temps calmes, où les personnalités ne sont plus en jeu, qu'il conviendrait d'exposer les principes de l'honnêteté et du bon sens sur ces obligations civiques.

Tous les catéchismes diocésains devraient contenir un chapitre très explicite sur les devoirs des électeurs. Un bon nombre le possèdent déjà.

Les colères soulevées par cette adjonction témoignent de l'honnêteté que nos gouvernants entendent apporter aux élections. Ils auront beau faire : loin d'espérer la suppression de cet important et nécessaire enseignement, ils doivent s'attendre à le voir s'établir et s'affirmer partout. Quand il est question de doctrine, l'Église catholique croulerait plutôt que de céder.

**
*

Ce n'est pas tout : la confession sacramentelle, qui assainit et maintient la morale, devrait avoir ici sa part d'influence.

Ces électeurs imprévoyants, qui causent par leurs votes les désastres publics, se confessent parfois des fautes les plus légères ; jamais, ou presque jamais, de ces crimes ; à cet égard, leur conscience est aveugle et muette.

Qu'en conclure, sinon que leur éducation morale et religieuse est à faire pour tout ce qui tient à ces actes de la vie civique ?

**
*

La rupture entre les gouvernements et l'Église est déjà si avancée que l'on craint de l'accentuer encore.

C'est à ceux qui conduisent et qui ont les hautes responsabilités, à peser dans quelle mesure les condescendances et les atténuations ont servi et sauvegardent l'honnêteté, la religion et le bien public.

Il n'appartient pas aux humbles et aux petits de se prononcer.

***

Peut-être, néanmoins, leur sera-t-il permis de se faire l'écho des doléances et des rumeurs publiques.

Nous en sommes réduits à parler à voix basse, comme les prisonniers sous l'œil du garde-chiourme. Les plus discrets n'ont qu'un mot touchant le désarroi des intérêts catholiques en France : « Si l'Épiscopat eût résisté, résisté au besoin jusqu'au sang, nous n'en serions pas, nous, prêtres et catholiques, où nous en sommes. »

Qui oserait le nier ? On a tout subi sans aucune résistance vraie, énergique, indomptable.

Et l'on se prend à penser avec tristesse, en remontant les siècles, aux grandes défections religieuses attribuées par l'histoire aux condescendances et au mutisme des pasteurs vis-à-vis des pouvoirs despotiques.

※※
※

Il se rencontre des croyants qui dorment tranquilles et prêchent la sécurité, parce que, disent-ils, l'Église a des promesses d'immortalité.

Naïveté et ignorance !

Oui, l'Église ne saurait mourir ; mais la France peut mourir pour l'Église : la France n'est pas l'Église.

Une chose est certaine : si l'on ne fait rien pour moraliser le suffrage populaire, et si l'on ne parvient pas à modifier, par la voie des scrutins, l'esprit des assemblées parlementaires, c'en est fait, à bref délai, en notre pays de France, de la liberté religieuse, et par contre-coup de l'honnêteté.

XVII

CONSERVATEURS, OPPORTUNISTES, RADICAUX

O piperie des mots! dirait Montaigne.

A ne prendre que les mots, ils ne sont ni pires ni meilleurs les uns que les autres. Conservateur veut dire qui conserve ; radical, qui prend les choses par la racine ou par la base ; opportuniste, qui sait attendre et saisir l'occasion.

C'est la chose qu'il faut peser.

Conserver ce qui est juste et bon, c'est louable ; conserver ce qui est inique et funeste est funeste et inique. Prétendre conserver ce qui n'est plus, cela n'a pas de sens : en ces cas, on prend son nom de la chose que l'on tente de rétablir, et l'on se dit simplement réactionnaire, mais jamais conservateur.

Prendre la chose à sa racine et par son

fondement, dans l'ordre social et politique, ce n'est pas seulement protester contre ce qui est; c'est déclarer qu'on travaille à le renverser et à lui substituer un ordre nouveau. Dans l'hypothèse où l'existant serait illicite ou fâcheux, et ce que l'on médite équitable et réalisable, il n'y aurait qu'à applaudir; s'il s'agit de tout bouleverser pour faire dominer la licence et la violence, c'est la révolte et l'iniquité; quand on rêve l'impossible, c'est une chimère.

On voit combien d'équivoques recèle l'étiquette de radical.

L'opportuniste qui guette l'occasion de bien faire, de faire mieux, ne se distingue pas de l'homme sage et prudent, attentif à réaliser le bien possible dans la mesure où les circonstances le permettent. L'opportuniste qui profite des conjectures pour réaliser des desseins pervers n'est qu'un malhonnête avisé.

Tout est de savoir ce que l'on poursuit.

**
*

Que poursuivent nos radicaux ?

Nos radicaux — on le sait, ou du moins on devrait le savoir — rêvent une régénération sociale par des lois nouvelles : il s'agit de transformer les bases actuelles et séculaires de la propriété, de changer les rapports existant entre le capital et le travail, entre l'État et l'individu ; d'émanciper les esprits de toute domination dogmatique et de toute croyance surnaturelle.

Dans ces revendications, il y en a d'utiles et de désirables ; il y en a de problématiques et de discutables ; il en est qui sont insensées et incendiaires ; il en est qui sont la négation de la loi naturelle et de la loi divine, le renversement de la conscience et de la morale.

Bien plus, le radicalisme subordonne toutes ces théories à celles précisément qui contredisent l'ordre social, la croyance religieuse et la raison. Son objectif principal et constant est ce qu'il appelle l'affranchissement des consciences et la fin de toute préoccupation religieuse. Il en veut surtout à Dieu, à l'Église, au prêtre, aux croyants.

A tous ces titres, entre un radical et un honnête homme, il y a un abîme.

∗ ∗
∗

Nos opportunistes valent-ils mieux ?

Non certes ; ils ont en moins la franchise et le courage.

Peut-être, au point de vue humain et social, plusieurs font-ils des réserves en apparence honnêtes. Ils tiennent davantage à la stabilité de la propriété, ceux-là surtout qui possèdent ; ils défendent le capital contre les revendications des travailleurs, principalement les capitalistes et les exploiteurs ; ils plaident en faveur des libertés publiques, par peur des répressions dont ils pourraient souffrir.

A l'égard de la religion, c'est un mélange de ménagements hypocrites et de rigueurs impitoyables; c'est ici surtout que les opportunistes procèdent avec méthode et prudence. Ils consentent à la laisser vivre, à la condition qu'elle sera un instrument entre les mains de l'État; ils avancent par degrés, avec les précautions qui préviennent les secousses et masquent les empiètements, sans jamais perdre de vue le but final, qui est d'asservir les croyances, en attendant l'heure où il paraîtra possible de décréter leur extinction.

Pendant ce travail d'oppression graduée et croissante, on étale la modération et l'impartialité, on se réclame de la liberté, on achète les consciences vacillantes, on affecte de se scandaliser des réclamations et des résistances, tout en raillant la bonne foi et la naïveté qui croient à la pureté d'intention et au libéralisme.

La prudence, la politesse, la modération, tout est là : tout, sauf l'honnêteté. Quand les yeux se dessillent sur le but poursuivi, il est atteint, et le mal est irréparable.

C'est ce que veut l'opportuniste.

* * *

Et nos conservateurs ?

Tout d'abord, quelle amère dérision de se dire et de se croire conservateur à l'heure où nous sommes, à cette heure où l'opportunisme a fait son œuvre néfaste, où la religion est proscrite sous les apparences du bien public, la conscience opprimée au nom de la liberté, le prêtre bâillonné dans son église et au dehors, les candidats au sacerdoce soumis aux exercices et aux périls des casernes, les religieux expulsés, Dieu et jusqu'à son nom banni de l'école. De bonne foi, à cette heure que reste-t-il encore à conserver?

Rien, presque rien ; à peine le droit de se plaindre et de protester ; à peine la liberté du suffrage à travers les obsessions, les tracasseries et les violences des dépositaires du pouvoir, les dénis de justice et les invalidations éhontées.

Tout autre mot serait mieux choisi pour traduire ce que nos soi-disant conservateurs ont à désirer, à vouloir, à poursuivre.

Une seule raison justifie encore ce titre, c'est qu'ils revendiquent le retour aux grands principes qui conservent les sociétés et les individus, qui préservent les peuples de la corruption et de la décadence, qui sauvent les âmes pour l'éternelle vie.

⁂

Je me trompe : beaucoup de conservateurs ont une autre manière de justifier ce qualificatif : la préoccupation dominante et pratique de se conserver eux-mêmes, d'assurer leur bien-être, leur tranquillité, la liberté de tous leurs mouvements et la sécurité de leurs intérêts. De la vieille formule : *pro aris et focis*, ils retiennent et pratiquent la seconde moitié.

Pro focis, oh! oui. Rien n'égale pour eux le repos sous le toit paternel, et ils n'ont garde d'aggraver des soucis publics leurs soucis personnels. Pour la gestion de la chose publique, ils s'en rapportent au public; on dirait qu'ils n'en font point partie. Tout en se plaignant, sous le manteau de la cheminée, des gouvernants, ils vont jusqu'à leur accorder leurs votes, quand ils votent! Avant tout, pas de secousse.

Pro aris, pour les autels, la religion, les prêtres, les âmes, pour Dieu, ils croient avoir assez fait quand ils sont allés à la messe ou qu'ils ont fait leurs pâques.

Qu'il y a de braves gens dans cette quiétude et ces prudences de la routine!

* *
*

Le plus triste de ces réflexions est de constater que les mauvais sont plus intelligents et plus actifs pour le mal, que les bons pour le bien; les mécréants plus fanatiques pour la négation, que les chrétiens ne sont ardents pour leur foi.

XVIII

L'HISTORIEN

L'Histoire, l'histoire vraie, est la photographie du passé. Recueillant les expériences et les leçons des générations disparues, elle devrait être, dans le présent et l'avenir, l'école des peuples et des individus.

Ce rôle ne lui convient qu'à la condition d'être rigoureusement exacte.

Mais l'histoire ne se fait pas toute seule : elle a besoin d'un facteur humain. Où est l'historien fidèle, scrupuleux, attentif à ne peindre que la vérité, à ne rien supposer, à ne rien déformer, à ne rien trahir?

* *
*

Un grand esprit en a fait la remarque, l'histoire est devenue, en ces derniers siècles, une immense conspiration contre la vérité.

Et cette conspiration continue de plus belle.

Au lieu de recueillir et d'exposer les événements dans leur simplicité et leur suite, tels qu'ils furent, tels que les firent les hommes et les choses, les bons et les méchants, les individualités, les peuples et la Providence ; et de dégager de l'ensemble les causes et les résultats, à moins qu'on ne préfère laisser au lecteur le soin d'apprécier lui-même, chaque écrivain a son idée préconçue, son plan arrêté, un but fixe qu'il veut atteindre. Ses efforts et son travail consistent à plier les récits à son cadre, à choisir, à grouper, à écrire de façon à justifier et à glorifier ses théories personnelles. La marche normale serait de remonter des faits aux doctrines : on suit l'inverse ; aux systèmes on asservit les faits.

***

Chacun entend et construit l'histoire à sa guise.

Les monarchistes énumèrent les gloires et les services de la royauté ; les républicains, les excès de la tyrannie et les bienfaits de la liberté ; les radicaux, les injustices des vieux régimes qu'ils veulent supprimer ; les opportunistes, les beaux résultats de la politique expectante et les malheurs de l'intransigeance ; les protestants, les rigueurs et les abus de la religion papale, et naturellement les catholiques, les gestes glorieux de l'Église dans sa marche providentielle à travers le monde.

Et pourtant, il n'y a qu'une histoire vraie, la même pour tous.

Dans ces œuvres diverses sur une même chose, il peut y avoir, il y a souvent beaucoup de talent, d'habileté, de travail.

Y a t-il autant d'honnêteté ?

⁂

L'honnêteté est la plus sûre lumière pour arriver ou pour revenir à la vérité.

Des historiens protestants, guidés par leur bonne foi et leur conscience, ont trouvé le principe de leur conversion dans l'étude impartiale des actes de l'Église. Bel exemple donné à beaucoup d'incrédules, et même à certains catholiques, qui cherchent dans le passé de l'Église des pierres d'achoppement et des sujets de scandale.

* * *
 *

La pacification des esprits ne s'accomplira que dans la vérité ; et, en attendant la vérité, que par l'honnêteté et la tolérance réciproques.

La passion dans les théories, et le mensonge dans les allégations n'amèneront jamais que démentis, haines et discussions.

On voudrait pouvoir penser de ces semeurs néfastes ce que le Christ mourant disait de ses bourreaux : « Ils ne savent ce qu'ils font. » Cela est certainement vrai de plusieurs ; mais, pour plusieurs aussi, les atténuations de nos excuses seraient contredites par leurs propres consciences : ils mentent sciemment et malhonnêtement.

XIX

LE SAVANT

Le savant n'est pas la science, fort heureusement.

La science est toujours vraie, exacte, sereine, à l'abri des fluctuations.

Le savant, lui, se démène, tâtonne, cherche, avance, recule, affirme, nie, suppose.

Quand il prouve, alors seulement, sa parole s'identifie avec la science.

∗ ∗
∗

Le savant a donc deux parties dans son bagage, pour parler de la sorte : la science faite, démontrée, acquise ; et les élucubrations, les hypothèses, les documents dans l'ordre de la science, mais dont la démonstration reste à faire. A vrai dire, il n'est savant qu'au premier regard; par le second, il aspire et postule.

Trop souvent, il fait plus de bruit avec l'un qu'avec l'autre.

En donnant pour certain ce qui n'est que problématique, il manque de sérieux, sinon de sincérité. L'illusion, et, dans la même mesure, la bonne foi, sont sa seule excuse.

*
* *

En principe, la science affirme. La négation ne se comprend qu'après l'affirmation, de même que le néant n'est intelligible que par l'être.

Parmi les savants, une multitude se font une spécialité de la négation. Et ce qu'il y a de singulier, ils partent de ce qu'ils étudient et professent, pour contester ce qui échappe à leur compétence : ils s'occupent de la matière, ils nient l'esprit; du corps, ils nient l'âme; de la nature, ils nient le miracle et le surnaturel; des phénomènes et de la succession, ils nient l'immanence et l'éternité ; du fini, ils nient l'infini ; du nombre, ils nient l'unité ; de l'étendue et de l'espace, ils nient le simple ; du témoignage humain, ils récusent la parole de Dieu. L'ombre les met en révolte contre la lumière.

* *
*

Cette dualité est tout à fait digne de remarque. Il y a là l'homme qui sait, et l'homme qui ne sait pas ; l'un est savant, l'autre ne l'est pas. C'est donc à tort que l'on ferait au savant un égal honneur de l'affirmation et de la négation.

En soi, l'affirmation pèse plus que la négation. Nier, c'est supprimer la science, comme c'est supprimer l'être. Généralisez : que restera-t-il ? Néant ; néant d'être et néant de science. Nier tout, c'est ne rien savoir ; nier partiellement, c'est autant de retranché à la science.

Conséquemment, moins on a de négation,

plus on possède de science ; et celui-là sait tout, qui n'a rien à nier.

Ce privilège est celui de Dieu.

Les vrais savants parlent avec modestie de ce qu'ils savent, et avec une grande réserve, de ce qu'ils ignorent. Qui veut tout savoir, donne à penser qu'il ne sait rien.

*
* *

Les hommes, ceux-là mêmes qui savent le plus, n'ont qu'une science fragmentaire, et, quand ils invoquent la SCIENCE sans restriction, ils prononcent un grand mot qui les dépasse, qui dépasse leur savoir.

Cette aberration, devenue assez commune, a fini par fausser la langue. Le mot SCIENCE sans qualificatif, s'emploie aujourd'hui pour désigner la science de la matière, comme si le reste du monde n'existait pas ! Quand on dit : les *Sciences*, cela ne fait un doute pour personne ; il ne s'agit que de l'ordre physique.

Ce pluriel est exorbitant ; mais le singulier est absurde.

Par ce qu'elle exclut, cette expression emphatique ne dénote pas seulement l'ignorance relative, elle trahit le parti pris de considérer comme non avenue la science de la Morale et de la Religion.

Reste à savoir en quelle catégorie de leur science à eux ces savants classent l'Honnêteté.

*
* *

Plus on pénètre dans le fond des choses, plus on y trouve Dieu. De là le mot de Bacon : « Peu de science éloigne de Dieu ; beaucoup de science y ramène. »

Dieu trouvé et prouvé, la Religion s'ensuit comme les déroulements d'un théorème.

Seuls, les superficiels méconnaissent Dieu.

*
* *

Remarque triste à faire : les négations au

nom de la science se font généralement contre la religion et la morale. Leibniz en donne une raison saisissante ; selon lui, si les mathématiques avaient des conséquences pratiques pour la vertu, on les nierait tout comme on nie la morale et la religion.

C'est dire que, dans ces négations, au fond l'honnêteté est en cause.

* *
*

Il existe des circonstances atténuantes.

La concentration exclusive de l'esprit sur un objet prédispose à l'inattention et à la méfiance vis-à-vis du reste. Pour le paysan, tout est dans sa terre ; pour l'artiste, tout est dans son art ; pour le savant aussi, tout est dans sa science. La limite importune l'esprit ; l'esprit la supprime, ou croit la supprimer en la niant ; ce qu'il ignore n'existe pas. Pour les anciens, le monde finissait aux colonnes d'Hercule.

Entre savants, on se passe le champ et les

limites, l'affirmation et la négation. Il faut une vigueur d'esprit peu commune et une grande indépendance de caractère pour rompre cette solidarité et faire le triage.

Les passions, les habitudes, les intérêts plaident souvent la cause de la routine contre la raison et la conscience.

*
* *

Il se produit dans les temps où nous sommes un phénomène intellectuel étrange. En mettant de côté la science vraie, on constate dans les esprits, et comme dans l'air, une tendance à transformer les problèmes en certitudes, et les certitudes en problèmes.

Les applications sont innombrables. On contestera que Dieu soit et que l'âme existe, et l'on affirme, comme si l'on en venait, que les planètes sont habitées ; on nie l'intervention des esprits bons ou mauvais, et l'on attribue à la matière les opérations les plus subtiles de la pensée ; on hochera la tête aux récits évangéliques sur Jésus-Christ, et l'on tiendra pour incontestable la légende de Bouddha; Moïse et Esdras ne racontent peut-être que des fables; mais Sanchoniathon et Hérodote sont infaillibles; la Bible ne compte plus, mais les Védas sont sacrés.

Ces excentricités passent des prétendus savants au public lettré, qui les répète gravement au nom de la Science.

Mieux que Socrate écoutant Platon, la science, la vraie science pourrait s'exclamer : « Grands dieux! que de choses on me fait dire! »

⁂

La science constituée, vraie, la science en un mot, est à des hauteurs sereines, que ne sauraient troubler les négations fantaisistes et les affirmations aventureuses. En dépit des réserves et des audaces de téméraires, qui s'arrogent vainement le droit de parler en son nom, elle demeure ce qu'elle est, et elle garde ce qu'elle a : rien de plus, rien de moins.

Identifiée, si elle pouvait l'être, avec les hommes qui se targuent de son autorité et s'attribuent les prérogatives réservées à l'immuable vérité, elle sortirait amoindrie de ces fluctuations et de ces tentatives.

Heureusement, toute confusion est impossible : elle reste ce qu'elle est, et eux ce qu'ils sont. Seul, le vulgaire ignorant peut les confondre. Mais ce vulgaire, c'est le grand nombre, c'est la foule humaine !

* * *

La responsabilité morale encourue par ces aventuriers de la science est grande, et se mesure au trouble qu'ils jettent dans les esprits. La pluralité des mondes et tant d'autres questions semblables importent peu. Mais, en ébranlant par des négations audacieuses ou des insinuations perfides la foi religieuse et les bases mêmes de la vie morale, on fait une œuvre détestable.

⁂

Aux approches de la mort et aux lueurs de l'éternité, beaucoup de ces savants incrédules retrouvent la foi de leur enfance, et plus d'un se défend alors de l'avoir jamais perdue.

Qu'avaient-ils donc perdu quand ils la battaient en brèche, la raillaient, l'oubliaient, qu'ils l'opposaient à la science et à la raison ?

— L'honnêteté !

CHAPITRE V

LES MOBILES DU MAL

Nous avons défini l'honnêteté, flétri les amoindrissements et les réserves que lui inflige le monde, signalé les violations et dénoncé les violateurs.

Terminons cette étude sur l'Honnêteté en reconnaissant les principaux mobiles qui poussent à sa ruine, et les attraits qui la sauvegardent.

I

LE PLAISIR

Trahit sua quemque voluptas, vive le plaisir! C'est un axiome d'immoralité que les multitudes professent et pratiquent.

Le plaisir est la loi souveraine du monde et de sa vie. En soi, la douleur est un mal, et, si on l'accepte, si on la recherche même sous l'action d'une foi intense, c'est comme une expiation momentanée qui réhabilite en ramenant à l'ordre.

* *
*

Il y a rarement entente entre le plaisir et le devoir. Depuis la chute originelle, l'homme se trouve divisé, et une partie de son être entre en révolte contre l'autre. Il est particulièrement faible quand il lutte contre le plaisir; il combat alors contre lui-même.

Non seulement il faut renoncer au plaisir pour demeurer fidèle à l'honnêteté, ce renoncement a pour conséquence ordinaire la souffrance ; et souffrir quand il pourrait jouir, est bien difficile à l'homme.

**

C'est étonnant et humiliant comme on prend les hommes par le manger et le boire. Quelques gouttes de liqueur suffisent à altérer certaines consciences, et des gens qui semblent placer haut la considération succombent devant un bon repas.

Quand, aux tentations de la table, se joignent les facilités de la licence, on peut tenir pour certain que la foule n'opposera aucune résistance ; sur ces pentes, elle glissera où l'on voudra, fût-ce dans le sang.

**

L'austérité des mœurs est la compagne et la gardienne de l'honnêteté.

II

L'AMBITION

Le plaisir est la grande tyrannie de l'homme; mais parfois l'ambition prend la première place.

Lorsque l'on est atteint et dominé par cette fièvre de monter, tout ce qui peut servir d'échelon attire et s'impose; au contraire tout ce qui fait obstacle est renié, condamné, culbuté.

Faut-il abandonner des traditions qui font l'honneur d'une maison, on y renonce; dissimuler sa foi, on la renie; rompre de vieilles amitiés, on les brise; en contracter d'inattendues qui font tache au souvenir, on les accepte en dépit de la honte. Les alliances, les ruptures et les palinodies ne coûtent rien à l'honneur et à la conscience.

L'ambitieux a sans cesse devant ses yeux,

comme un mirage fascinateur, le terme auquel il aspire. Tout le reste n'est qu'inutilité, s'il n'est moyen ou obstacle ; et tout moyen est bon ; tout obstacle est mauvais, et l'on se croit en droit de le briser, si on ne peut le tourner.

⁂

Les désirs mettent en défiance des conseils qui les contredisent. Au lieu d'écouter la voix de la conscience, on n'entend que le cri de la passion ; elle seule suffit à justifier les défaillances, les trahisons et les bassesses.

Toute la morale roule sur ce principe : la fin justifie les moyens.

⁂

L'homme qui fait passer l'honnêteté avant les honneurs est honnête, et ennoblit l'élévation où il arrive et se maintient.

Celui qui donne le pas à l'ambition sur l'honnêteté fait tache à son honneur, et l'on est à se demander ce qu'il mérite.

⁂

Les ambitieux qui captent les suffrages populaires par le mensonge, par de fallacieuses promesses qu'ils savent ne pouvoir tenir, en flattant les passions, en irritant les désirs, en tentant la cupidité, peuvent être habiles, heureux, triomphants : ils ne sont point honnêtes.

III

L'INTÉRÊT

La terre exerce une incroyable fascination sur l'homme. En étendant son domaine, il se figure qu'il se dilate. Les haies qui bordent ses champs et les murailles de sa maison semblent le rétrécir. Pour éloigner des bornes importunes, il force souvent les limites de sa conscience.

* * *

C'est par cupidité qu'il vole ou convoite le bien d'autrui, qu'il rampe devant quiconque lui fait espérer un bénéfice ou le menace d'une perte, qu'il s'irrite et conteste aux revendications d'autrui, qu'il tranche à son avantage les doutes et les litiges.

※

Se sauverait-elle des prévarications formelles, la soif immodérée d'acquérir et de posséder incline vers tout ce qui promet le lucre, elle éteint ou allume les querelles au gré des intérêts, mêle à des spéculations suspectes, absorbe dans les préoccupations matérielles, étouffe les nobles soucis de l'âme et les plus légitimes susceptibilités de la conscience.

Un homme trop intéressé n'a que ce qu'il mérite, si l'on suspecte et surveille sa probité.

※

Le peuple, et dans le peuple, l'indigent qui manque du nécessaire, le paysan âpre au gain et sensible aux dommages, succombent fréquemment aux tentations d'improbité.

L'argent a une vertu magique pour troubler l'esprit et dérouter la conscience.

III. L'INTÉRÊT

※

L'homme, vraiment probe, a une règle qui le met au-dessus des profits et des pertes, qui le rend imperturbable dans la bonne comme dans la mauvaise fortune : l'honnêteté avant tout.

IV

LA PEUR

Depuis le péché, l'homme est tremblant comme un coupable que le châtiment poursuit. La peur s'attache à ses pas comme un fantôme. Elle le jette dans toutes les perplexités, elle lui ôte le sentiment du devoir pour ne lui laisser que l'instinct de la conservation.

* *
*

Il tremble pour lui-même, il tremble pour les autres; et ses craintes sont d'autant plus impérieuses, qu'il aime davantage la tranquillité et le repos.

La tranquillité certes a son charme, et, pour les tempéraments faibles, le repos est le premier des biens. L'expectative anxieuse du mal les abat, l'effort de la lutte les fatigue;

ils ne savent combattre que pour retrouver la paix.

⁂

La paix est un bien précieux. La crainte de la perdre suffit à la troubler.

La paix véritable réside dans les profondeurs de l'âme. Saint Augustin (1) la définit avec exactitude et finesse : la tranquillité de l'ordre.

L'ordre d'abord, la stabilité ensuite : voilà la paix. Tranquillité, oui, tant qu'on voudra; mais dans l'ordre et la vérité.

L'honnêteté est la gardienne de la paix, puisqu'elle protège l'ordre; et la paix à son tour, en maintenant l'ordre, garde l'honnêteté.

La tranquillité obtenue par la capitulation de la concience est menteuse; ce n'est au fond que lâcheté et égoïsme.

(1) *De Civit. Dei*, l. XXIX, c. XIII : **Pax omnium rerum, tranquillitas ordinis.**

⁂

L'homme poltron tremble devant la menace, d'où qu'elle parte. La frayeur est une sorte de superstition qui le suit partout. L'inconnu, l'ombre, le silence multiplient dans son imagination les adversaires et les dangers.

Dans ces agitations, la pensée fixe qui domine son esprit est qu'il faut fuir pour se sauver, tout lâcher pour ne rien perdre. La dernière des résolutions est celle de combattre.

⁂

La peur la plus inexplicable est la plus commune : celle des railleries et des sourires moqueurs.

Dieu appelle et menace ; il appelle par ses promesses et sa bonté ; il menace en montrant le noir abîme ; et l'homme, inattentif, ne s'émeut, ni ne s'ébranle.

Les méchants raillent, les imbéciles rient ;

et l'homme tremble, se cache, se dissimule comme devant un formidable ennemi.

C'est à se demander si l'homme est bien défini : « Un être raisonnable ».

Le respect humain, c'est-à-dire la peur de l'homme, ruine presque autant d'honnêteté que les plus fougueuses passions.

***

En cet ordre, on se reproche plus le mal que l'on fait, que le bien que l'on omet.

Devant Dieu, la responsabilité est la même, et la mesure exacte est celle du mal commis et du bien omis. Les lois prescriptives sont aussi obligatoires que les lois prohibitives.

***

Les faits accomplis constituent une morale facile pour les peureux et les indolents, qui n'osent réagir ni combattre.

C'est le triomphe scandaleux des méchants, qui, du crime même, se font un droit à l'inviolabilité.

Si cette prétention venait à prévaloir, la notion de la justice disparaîtrait ; car la justice exige l'exacte et proportionnelle répression des faits criminellement accomplis.

L'ordre et l'honnêteté, c'est la justice observée ou réparée. Le maintien de l'iniquité, c'est le désordre et l'immoralité en permanence.

V

LA HAINE

Plus que l'ambition et l'amour, plus que la cupidité et la peur, la haine est aveugle. C'est le propre des passions violentes de concentrer l'attention de l'esprit et l'effort de la volonté sur un objet unique.

La haine poursuit impitoyablement la suppression de l'objet qui l'obsède, et devient indulgente sur la moralité des moyens.

***

La charité supprime la haine : elle fait aimer.

C'est le signe d'un grand caractère d'être magnanime envers ses ennemis, et de saisir spontanément l'occasion de leur rendre le bien pour le mal.

C'est le procédé le plus efficace, le plus prompt, le plus méritoire pour tuer la haine.

⁂

Il est plus malaisé de n'être que juste. L'équilibre, qui constitue l'équité, est très difficile à qui subit l'impulsion de la haine, de sa nature malveillante et prête aux rigueurs.

Dans cet état d'esprit, on s'honore en se retirant. L'accusé a toujours le droit de récuser le juge dont il soupçonne l'impartialité ; le juge se doit à lui-même de s'abstenir.

⁂

Summum jus, summa injuria; la justice extrême, c'est l'extrême injustice.

L'antithèse, paradoxale en apparence, énonce une incontestable vérité. Alors même qu'on n'est mû que par le respect du droit et de l'équité, la préoccupation de pousser la justice jusqu'à ses dernières limites les fait franchir. Mais, quand c'est la haine qui appelle et applique ces rigueurs, la mesure ne peut qu'être dépassée.

Que la méchanceté et l'esprit de vengeance infligent une peine imméritée, c'est cruel sans doute, mais on ne peut guère s'attendre à autre chose. Subir cet excès au nom de la justice, c'est une suprême injure qui enlève et l'espoir et la patience : *Summum jus, summam injuria.*

*
* *

La haine, qui détruit la charité et viole la justice, compromet également la prudence. Elle est mauvaise conseillère, elle blâme les précautions et les réserves, et précipite les solutions sans prévision du lendemain, se préparant ainsi des complications, des retours fâcheux et des regrets.

Les sursis et les lenteurs sont nécessaires pour garder l'honnêteté et l'honneur contre les surprises de la haine.

* *
*

Tout passer à ses amis, et rien à ses adversaires, est la marque d'un caractère étroit, égoïste, excessif, qui s'inspire, non de la conscience, mais de la passion ; qui est plus soucieux de se satisfaire que de remplir les prescriptions de la loi et de l'honnêteté.

CHAPITRE VI

LES CHARMES DE L'HONNÊTETÉ

N'exposer que les mobiles du mal serait désespérer de l'honnêté humaine. Ne convient-il pas de proposer encore les mobiles du bien, ceux par lesquels l'honnêteté se maintient et triomphe?

Si nous écrivions un traité complet de morale, nous développerions la notion primordiale du bien et son épanouissement dans la conscience ; nous montrerions en Dieu, se constituant la fin que nous devons atteindre par l'exercice de notre liberté, le premier fondement et le suprême couronnement de la vie honnête ; nous rappellerions les promesses divines qui appellent au bien, et les menaces qui détournent du mal.

Qu'il nous suffise, dans ce rappel sommaire à l'honnêteté, de signaler quelques unes des attractions qu'elle exerce.

* *
*

Pour l'honnête homme, le charme souverain, c'est l'honnête homme.

Avec lui, il s'épanouit, il se dilate, il se sent à l'aise et en sécurité ; sa parole est libre et confiante, sachant qu'il ne sera pas trahi ; il écoute, il croit, rassuré qu'il est contre la ruse et le mensonge.

Dès qu'ils se rencontrent, ces deux hommes se lient par une invincible sympathie.

Il peut exister des différences d'humeur, de

pensée, de vouloir : le lien de l'honnêteté suffit pour les associer et les unir.

※

L'honnête homme exerce ce charme envers tous.

Le monde rira de son inflexibilité et de ses scrupules; mais il l'honore, il le réclame, et c'est à lui qu'il s'adresse quand il veut mettre à l'abri ses intérêts.

Une sorte d'instinct, l'instinct du bien et de la conservation, le fait rechercher et le fait pressentir.

Il se reconnaît à ce signe, qu'il ne se prête pas à toutes les besognes et à tous le services, qu'il se retire et devient intraitable dès que la conscience et l'honneur sont en péril.

※

Le contact de l'honnêteté rassérène l'âme et la réconforte. Les faibles, les vacillants s'en font un point d'appui qui les raffermit, et comme un tuteur qui les sauvegarde.

* * *

Le spectacle du bien est une irradiation bienfaisante. Elle purifie l'air que l'on respire, elle y projette des clartés qui montrent la voie et les écueils.

En voyant apparaître au dehors ce que la conscience montrait au dedans, en entendant répéter comme par un écho ce qu'elle révélait dans le secret, on se sent moins seul, on rencontre dans la route du bien un compagnon, un témoin, un gardien.

* * *

Dieu lui-même est ravi par l'inflexible fidélité de l'âme honnête.

Il se plaît souvent à éprouver sa fidélité; mais, c'est pour la tremper comme on trempe l'acier, pour la purifier ainsi que l'or dans la fournaise, pour faire resplendir sa vertu et sa force, pour la mettre en pleine évidence et la couronner avec plus d'éclat.

L'histoire de Job en offre un exemple mémorable.

Dieu, fier de sa fidélité, dit à Satan : « As-tu considéré mon serviteur Job? Il n'a pas son pareil sur la terre; c'est un homme simple, droit, craignant Dieu et se retirant du mal (1). »

C'est bien le parfait honnête homme.

« Vous l'avez comblé de biens, répond Satan; quoi d'étonnant? Dépouillez-le, frappez-le; et vous verrez si sa vertu subsistera longtemps. »

Dieu accepte le défi.

Libre dans sa haine, l'esprit ennemi dépouille Job, il le frappe dans son corps jusqu'à n'en faire qu'une plaie, il l'environne

---

(1) *Job*, I, 8 : Dixitque Dominus ad eum : Numquid considerasti servum meum Job, quod non sit ei similis in terra, homo simplex et rectus, ac timens Deum, et recedens a malo.

de faux amis qui désolent son âme et insultent à son malheur.

Et Job reste debout et inflexible. Dévoré par le mal, adandonné de tous, poursuivi par la calomnie et l'outrage, ce qui l'exaspère le plus, et ébranle un instant sa patience, c'est que l'on mette en question son honnêteté et sa fidélité envers Dieu. Il en appelle à Dieu même.

Dieu, quand l'épreuve a assez duré, reparaît, réhabilite son serviteur, et, plus que jamais, le comble de biens.

* *
*

La gloire de l'honnête homme est d'avoir l'estime des méchants, l'amour de ses pareils, et, par-dessus tout, les bénédictions de Dieu.

EPILOGUE

HONNÊTE AVANT TOUT !

Ce fut notre épigraphe : ce sera notre conclusion.

Rêver l'honnêteté universelle n'est qu'un rêve.

Ne voir partout sous le ciel que malhonnêtes gens serait un sombre cauchemar.

Ni l'un ni l'autre ne sont vrais.

Les malhonnêtes gens peuvent être les

maîtres; ils ne dominent pas. Quels que soient, au temps où nous vivons, les troubles, les divisions, les défiances réciproques, il y a encore des honnêtes gens. Qu'ils poussent tous ce cri de ralliement :

HONNÊTE AVANT TOUT!

En se rapprochant, en se reconnaissant, en s'estimant, ils feront renaître l'ordre, la sécurité, la paix.

* *
*

En croyant à l'honnêteté, en la proclamant, on prouve qu'on la cultive, qu'on la possède, on la rend plus facile et plus réalisable.

* *
*

HONNÊTE AVANT TOUT!

Par-dessus les opinions, les préférences, les souvenirs, les ambitions légitimes, faisons planer l'honnêteté; qu'elle dessine autour de nous un sol libre et pur, où tout homme bon et loyal pourra mettre ses pieds.

HONNÊTE AVANT TOUT!

Soyez ce que vous voudrez : républicain, monarchiste, impérialiste, libéral, autoritaire, conservateur, réformiste; mais soyez honnête. Rien n'impose le respect et les égards, dans les dissidences, comme l'honnêteté réciproque.

HONNÊTE AVANT TOUT!

Que chacun garde la loyauté et la probité dans ses fonctions, dans sa sphère et son état; que de chacun on puisse dire : Il a les mains propres; il n'a pas deux faces et deux paroles.

HONNÊTE AVANT TOUT!

Ceux-là doivent se le redire et le pratiquer jusqu'au scrupule, qui se font une loi et un honneur d'être fidèles à Dieu.

La première religion qui s'impose à tous est celle de l'honnêteté ; et, par sa marche naturelle, l'honnêteté conduit à la religion.

En manquant d'honnêteté, vous qui vous faites une enseigne de la religion, vous la livrez au blasphème, vous la déshonorez.

* *

HONNÊTE AVANT TOUT !

O prêtres du Seigneur, soyons saints : Dieu nous y convie ; et nous l'avons promis à Jésus-Christ, en devenant, par l'onction sacrée et par nos fonctions, d'autres lui-même : *Sacerdos alter Christus.*

Mais, du moins, soyons honnêtes.

* *

Unissons-nous, dans cette profession de foi, qui réconforte les faibles, ranime les bons, condamne et déconcerte les méchants :

HONNÊTE AVANT TOUT !

FIN

TABLE DES MATIÈRES

Avant-Propos 7
Chapitre I. — Les équivoques et les falsifications. 19
    I. Honnêteté et politesse 20
    II. L'honnêteté mondaine. 24
    III. L'honnêteté et la religion. 28
    IV. L'honnêteté et l'honneur 35
    V. La fin et les moyens. 38
Chapitre II. — La vraie et complète honnêteté. 43
    I. La source de l'honnêteté. 44
    II. L'honnêteté devant Dieu. 50
    III. L'honnêteté devant les hommes. 60

TABLE DES MATIÈRES

Chapitre III. — Les injures faites a l'honnêteté.	65
I. Le mensonge	65
II. La trahison domestique	72
III. Le sang	79
IV. Le scandale	87
V. Le vol	93
VI. La diffamation	104
VII. Le masque de la religion	111
VIII. L'abus du pouvoir	115
IX. La libre-pensée	123
X. Pot-Bouille	129
XI. Les inconséquences	133
Chapitre IV. — Les violateurs de l'honnêteté.	149
I. Le prêtre	150
II. Le juge	159
III. Le maître d'école	167
IV. Le médecin	183
V. L'avocat	195
VI. Le soldat	204
VII. Le comptable public	208
VIII. Le commerçant	211
IX. L'ouvrier	217
X. Le paysan	222
XI. Le pauvre	233
XII. Le riche	237
XIII. Le Juif	242
XIV. Le franc-maçon	252
XV. Le journaliste	256
XVI. L'électeur	264
XVII. Conservateurs, radicaux, opportunistes . .	273
XVIII. L'historien	281
XIX. Le savant	286

TABLE DES MATIÈRES

Chapitre V. — Les mobiles du mal.	297
I. Le plaisir.	298
II. L'ambition	300
III. L'intérêt	303
IV. La peur.	306
V. La haine.	311
Chapitre VI. — Les charmes de l'honnêteté.	315
Épilogue.	321

EMILE COLIN. — IMP. DE LAGNY.

www.ingramcontent.com/pod-product-compliance
Lightning Source LLC
Chambersburg PA
CBHW060651170426
43199CB00012B/1754